10|18
12, avenue d'Italie — Paris XIIIe

Du même auteur
aux Éditions 10/18

EN CARAVANE, nº 2678
TOUS LES CHIENS DE MA VIE, nº 2778
L'ÉTÉ SOLITAIRE, nº 2827
MR SKEFFINGTON, nº 2914
AVRIL ENCHANTÉ, nº 3062
VERA, nº 3208

ELIZABETH ET SON JARDIN ALLEMAND

PAR

ELIZABETH VON ARNIM

précédé de

SOUVENIRS DE NASSENHEIDE

par E.M. FORSTER

Traduit de l'anglais
par François DUPUIGRENET DESROUSSILLES

10|18

« Domaine étranger »
dirigé par Jean-Claude Zylberstein

SALVY

Si vous désirez être régulièrement tenu au courant
de nos publications, écrivez-nous :
Éditions 10/18
c/o 10 Mailing (titre n° 2732)
35, rue du Sergent Bauchat
75012 Paris

Titre original :
Elizabeth and her German Garden

ISBN 2-264-02329-5

SOUVENIRS DE NASSENHEIDE

par E. M. Forster.

E. M. Forster et les enseignants de Nassenheide en 1905.

REGARDEZ bien cette photographie. J'y parais jeune et mince car la photographie est vieille de plus d'un demi-siècle. À côté de moi se tient un autre jeune homme, d'allure nettement plus sportive. C'est *Herr* Steinweg, le répétiteur d'allemand. Moi, je suis le répétiteur d'anglais. Devant nous sont assises les deux gouvernantes en blouses blanches, tabliers blancs, longues jupes d'étoffe grossière et bottines plus solides qu'élégantes. L'une est allemande – *Fraulein* Backe –, l'autre française – Mlle Auger de Balben. Légende de la photographie : « Le corps enseignant de Nassenheide en 1905. » Nous posons dans le jardin, sous le soleil d'un été d'avant-guerre (soleil seulement d'avant la nuit, sans la moindre idée du chaos à venir). Derrière nous, Nassenheide : un *Schloss*, ou plutôt une charmante maison de campagne, basse et grise, au fin fond de la Poméranie. Quelque part dans la maison, à moins que ce ne soit dans le pavillon d'été, notre maîtresse la comtesse von Arnim écrit l'un de ses romans, et Dieu sait où sont allées se nicher nos trois petites élèves.

Qu'allais-je donc faire, me direz-vous, si loin de l'Angleterre ? Sachant que je souhaitais apprendre un peu d'allemand tout en gardant du temps pour écrire, l'un de mes amis de Cambridge m'avait mis en rapport avec sa tante. Elle était anglaise – pour être tout à fait exact, précisons qu'elle était née en Australie –, et avait épousé un aristocrate allemand qui possédait de vastes domaines en Poméranie. C'était, en outre, un auteur célèbre et de grand talent, qui écrivait sous le pseudonyme d'« Elizabeth ». Son *Elizabeth et son jardin allemand* avait connu un immense succès, et les noms de ses trois filles étaient devenus des sobriquets familiers dans bien des familles anglaises. Ses livres sont injustement négligés aujourd'hui et j'espère qu'ils reviendront bientôt au tout premier plan. Je n'étais que le premier d'une longue série de répétiteurs – songez que c'est Hugh Walpole en personne qui me succéda. Ma seule rémunération consistait dans la possibilité qui m'était donnée d'apprendre de l'allemand pendant mon séjour. Au début, je craignis de ne pas obtenir le poste car je ne répondais à aucune des exigences de la comtesse. Je ne pouvais l'assurer ni que j'occuperais longtemps mes fonctions, ni que je les occuperais à plein temps, ni que j'enseignerais quoi que ce fût d'autre que la langue anglaise – en tout cas pas les mathématiques. Mais plus je soulevais d'objections, plus les lettres d'Elizabeth se faisaient chaleureuses. Elle finit par me supplier de venir, au moment et aux conditions qui me conviendraient. Après m'avoir juré ses grands dieux que Nassenheide ne m'ennuierait nullement, elle me demandait d'avoir la bonté de lui rapporter de Londres des bulbes d'iris.

Je fis mon arrivée le 4 avril 1905. Jamais je ne l'oublierai. L'express de Berlin me conduisit à Stettin, où je pris le tortillard pour Nassenheide. Lorsque j'arrivai, il faisait déjà nuit. Nous nous arrêtâmes au milieu d'une cour de ferme. Les fenêtres du compartiment éclairaient faiblement des tas de fumier que séparaient des flaques d'eau. Mais de comtesse von Arnim, pas la moindre trace. Le contrôleur appela. Pas de réponse. Il descendit du train, s'enfonça dans les ténèbres, et revint avec un paysan qui consentit à porter mon sac de voyage et à me conduire jusqu'au *Schloss*. Mes malles, elles, resteraient dans le fumier. Nous partîmes donc à travers les flaques. Tout cela était des plus romanesque. Après des détours infinis nous parvînmes devant la longue bâtisse basse que je devais bientôt connaître sous un soleil éclatant. Une cloche tinta. Un chien aboya. Une servante à demi dévêtue finit par entrebailler la porte d'entrée et me demanda ce que je voulais. « Je viens habiter ici ! », répondis-je sans sourciller.

Sous de hautes voûtes blanchies à la chaux, le vestibule était décoré d'oiseaux et de petits animaux empaillés, ainsi que de devises tracées à la peinture noire. Le chien continuait à aboyer. On alla quérir le répétiteur d'allemand, l'intelligent et cordial *Herr* Steinweg, qui m'expliqua qu'on ne m'attendait pas si tôt. Il me montra ma chambre et mon lit, mais m'expliqua que, l'ancien répétiteur d'anglais n'étant pas encore parti, il avait été décidé que j'habiterais la partie noble de la maison où l'on m'avait réservé la meilleure chambre disponible. Le froid, dans cette chambre, était mordant, le papier peint d'un rose et d'un vert criards. On entendait, en provenance de la cour de ferme où gisaient mes malles, le bruit incessant et lugubre d'une pompe. Vinrent enfin l'aube et le petit déjeuner, au cours duquel mes collègues me prodiguèrent mille marques d'amitié. Puis je parus devant la comtesse.

Elizabeth « du Jardin Allemand » était de petite taille, pleine de grâce et de vivacité, mais aussi capricieuse et moqueuse à l'extrême. Les mésaventures qui avaient accompagné mon arrivée semblaient m'avoir tant rabaissé à ses yeux que j'avais perdu tout le terrain conquis, croyais-je, par mes refus réitérés de venir. Après un examen sans complaisance de mon visage défait, elle me dit de sa voix toujours un peu grinçante :

« Comment allez-vous Mr Forster ? Nous vous avions pris pour la nouvelle bonne ... Croyez-vous vraiment pouvoir donner vos leçons aux enfants ? Elles sont difficiles ... très difficiles, je vous l'assure. Elles vous riront au nez. Vous verrez. Il vous faudra être ferme si vous ne voulez pas connaître le sort de l'infortuné Mr Stoke ! »

Je lui remis ses bulbes d'iris qu'elle accepta comme un simple dû, et notre première entrevue n'alla pas plus loin.

Par la suite nos rapports devinrent plus faciles, et elle me confia qu'elle avait failli me renvoyer en Angleterre tant ma cravate était laide. Je n'en crus pas un mot, car ma cravate était fort jolie. Elle n'avait, il faut le dire, aucun respect pour ce qu'on pourrait appeler les formes inférieures de la vérité. Ensuite, nous parlâmes d'amies à elle que j'avais rencontrées à Dresde. « Elles ne m'aiment guère... », commença-t-elle. « En effet », répondis-je, ce qui la fit sursauter.

On aura compris que mon arrivée ne fut pas de tout repos. Pourtant, tout se passa très bien. Autour de nous s'étendait un merveilleux paysage allemand dont la vue me remplit de bonheur. Le « Jardin Allemand » proprement dit, qu'Elizabeth avait décrit avec tant d'esprit, ne m'impressionna guère. Plus tard, pendant l'été, il y eut une floraison de pensées, de tulipes, de roses et de salpiglossis, et partout on pouvait voir des lupins que le comte cultivait industriellement. Mais de jardin véritable, point. Nassenheide semblait entouré seulement d'enclos et de bosquets. Très vite le jardin se transformait en parc d'allure sylvestre, au centre duquel une prairie aux longues herbes bruissait, à la fin de juillet, sous un dais mouvant de papillons.

Non, c'était la campagne alentour, ce plat paysage de cultures, qui savait provoquer mes ravissements. Lorsque j'arrivai, en avril, le vent venait de l'est et l'air était nauséabond. Quelques boutons d'or couronnaient le bord des fossés, ainsi que des chatons de saule. Aucune feuille encore. Les sentiers et les routes étaient couverts de sable noir, le ciel de plomb. Une chaussée remblayée, très blanche, séparait les champs désolés. Des grues passèrent en criant « o i tou, o i tou », comme si elles déclinaient l'article défini en grec ancien, poussèrent leur cri vers le suraigu, puis se turent. L'exercice devait être trop difficile. Des cigognes succédèrent aux grues. Parmi les labours qui s'étendaient à l'infini on aperçut un cerf qui disparut dans la forêt. Plus tard le printemps put faire entendre sa musique au rythme lent, teutonique, dans laquelle les bouleaux tenaient la partie principale.

Vous n'avez pas idée de la lumière qui inondait au mois de mai ces terres couleur gris-fer. Les bouleaux bordaient les fossés et s'étendaient jusque dans les champs. Couverts de gui, certains formaient une sorte d'îlot au milieu d'un champ de seigle. Je pris l'habitude de m'isoler sur cet îlot avec ma grammaire allemande par les après-midi de grande chaleur. Le seigle, d'abord très bas, fut bientôt assez haut pour cacher un cerf au galop. *Herr* Steinweg et moi, qui partagions le même amour de la nature, allions souvent nous promener de concert. Il récitait des poèmes. Parfois nous pénétrions dans la forêt. Près de la maison un sentier parcourait un terrain vallonné qui n'avait pas été régulièrement planté. Un soir, le sentier fut frappé d'un rayon de soleil couleur de bière ambrée, dans lequel flottait une feuille unique, absolument immobile. Il se trouvait que, par exception, j'étais moi-même gorgé de bière, et je crois avoir été le jouet d'une illusion. Mais Steinweg, qui était la sobriété même, me confirma la présence de la feuille miraculeuse.

Les chambres des répétiteurs se trouvaient au bout de la longue annexe qui s'étirait depuis le bâtiment principal. J'avais une petite chambre qui recevait le soleil du matin, si bien que je pouvais prendre mon bain sous la caresse de ses rayons. Steinweg disposait d'une chambre plus vaste où nous prenions des petits déjeuners à base d'œufs de pluviers. Il avait un véritable culte pour la propreté. Chaque matin il s'assurait que le couvercle de la théière n'était pas taché de confiture – ainsi qu'il était arrivé un jour mémorable. Grâce à lui nos poêles fonctionnaient à peu près, et les cendres étaient soigneusement tenues à l'écart de nos effets. C'était un merveilleux compagnon, toujours enjoué, attentionné, et un théologien de première force. Je ne réussis à le scandaliser qu'une fois, et je suis sûr que vous aussi vous serez scandalisés quand je vous aurai avoué que je croyais dur comme fer que les fils du téléphone étaient creux et qu'on parlait directement dans le conduit ! Une telle ignorance lui parut si inconcevable, tout comme à vous je n'en doute pas, qu'il me battit froid pendant quelque temps. Son tempérament affable, son bon sens, sans oublier une légère tendance à l'autoritarisme, en faisaient le chef naturel de notre petit groupe, et c'est beaucoup grâce à lui que nous passâmes un été aussi agréable. Par la suite il devint pasteur de l'église luthérienne. Nous restâmes liés. Il vint me voir en Angleterre. Notre amitié survécut même aux deux guerres mondiales.

Le troisième membre de notre quatuor était Mlle Auger de Balben, une charmante Française qui avait gardé intacte son âme d'enfant. Son allure de harpie paraissait la destiner sans contestation possible au rôle de gouvernante de petites filles — quand Steinweg ou moi donnions une leçon, elle s'asseyait toujours au fond de la classe. Mais sa petite tête d'écureuil, ses lunettes, ses bandeaux gris et ses épaules voûtées dissimulaient une attachante personnalité. On la trouvait toujours occupée à fabriquer ou à raccomoder Dieu savait quoi : des boîtes en carton avec à l'intérieur un lapin en filigrane ou un cochon de copeaux, ce genre de choses ... Pendant longtemps je gardai le serpent en papier mâché qu'elle m'offrit lorsque je quittai Nassenheide — il y avait dessus écrit

« C'est le grand serpent Boa, quand il mord ceux qu'il mord sont morts » (Steinweg, lui, me faisait lire *Faust*). Elle était presque totalement illettrée, et d'une ignorance qui passait l'imagination. « Si seulement j'avais eu de l'éducation, je serais peut-être devenue une femme célèbre, comme Mme de Sévigné », me confia-t-elle un jour de gaieté. Cela ne l'empêchait pas de jouer de la cithare, et un jour que son bracelet s'était pris dans les cordes de ce rare instrument, il fallut les efforts combinés de tous ses collègues pour la tirer de ce mauvais pas. Elle pouvait courir comme le vent. Tout le monde l'aimait, et même les animaux ! Comme un personnage de conte de fées, elle attrapait des animaux sauvages au sortir du bois, jouait un instant avec eux, puis les laissait repartir. Je ne sais ce qu'il est advenu d'elle.

Les tribulations de Teppi

Fraulein Backe — surnommée Teppi —, occupait une position moins enviable, la comtesse lui ayant confié l'intendance de la maison en plus de sa charge de gouvernante. Contrairement aux autres — à moi en tout cas qui n'enseignait pas plus d'une heure par jour —, elle était accablée de travail. Si je disposais d'importants loisirs pour perfectionner mon allemand, ou pour écrire, et si mes demandes de congé étaient toujours reçues avec bienveillance, *Fraulein* Backe devait être sur le qui-vive de l'aube au crépuscule. La comtesse pouvait l'appeler à toute heure du jour et de la nuit, et les enfants lui grimpaient sur le dos. Si par malheur elle ne fournissait pas les pommes de terre promises la comtesse entrait en rage, et c'est à elle que Steinweg était allé se plaindre de la confiture trouvée sur notre théière. Les domestiques se moquaient ouvertement d'elle. Vraiment, ce n'était pas la vie dont elle avait rêvé. Cette grande bringue de vieille fille sentimentale avait pour secrète ambition de mener « la vie d'artiste ». Parfois elle chantait, lorsqu'on lui en accordait la permission, mais si faux que la permission était rarement accordée. Mieux valait encore la cithare de « Mademoiselle ». Elle aimait plus que tout discuter des mérites comparés des opéras de Strauss. *Salomé*, dont elle interprétait volontiers les passages les plus dramatiques, avait sa préférence. Il lui arrivait aussi de faire preuve d'une fantaisie débridée. À Pâques elle apparut ainsi dans le jardin déguisée en lapin, parmi des piles d'œufs de Pâques multicolores. Pour le centenaire de la mort de Schiller elle donna également une version burlesque de *Der Alte Moor* qui ne fut pas du goût de tous.

Dévouée corps et âme à la comtesse et à sa famille, une autre passion l'attachait à l'inspecteur des forêts, un grand et bel homme taciturne, au demeurant marié. Elle devenait volontiers lyrique pour évoquer la beauté et la sérénité de la vie dans les grands bois. Je la rencontrai de nouveau, bien plus tard, au cours d'un amusant voyage en caravane que la comtesse organisa dans le Kent. J'ai appris sa mort tout récemment. Il semble qu'elle soit restée très dévouée à la famille, et qu'elle lui ait apporté un soutien bien nécessaire au milieu des tragédies et des difficultés de toute sorte qui devaient frapper celle-ci. Elle est morte très aimée. Parfois je suis tenté de lui appliquer le vers de Housman – « *the brisk fond lackey to fetch and carry, the true, sick-hearted slave* » –, mais à tort car *Fraulein* Backe reçut de son vivant même, mille marques de la gratitude de ses maîtres.

Nous voici donc tous les quatre immortalisés par cette photographie. Je n'entends pas ici évoquer mes élèves – charmantes, originales, et si faciles à vivre –, ni leur mère – charmante, originale, et si difficile à vivre ! –, mais m'en tenir à Nassenheide à travers ces deux extraits de mon journal.

« 28 mai 1905. À midi, excursion aux *Oder Berge* (*Herr* Steinweg, *Fraulein*, « Mademoiselle », moi-même, les trois filles). Villages clairsemés pleins de paysans à l'air satisfait. Jamais d'impression de confort, pourtant, malgré les fleurs et la propreté générale. Les routes sont larges et poussiéreuses, les maisons disposées au hasard, sans le moindre effort pour dissimuler ou regrouper les communs. La journée a été très heureuse. Les collines étaient traversées par un torrent de montagne, bien qu'elles ne dépassent pas trois cents pieds. Les bois étaient pleins de pistes cyclables. Après un second déjeuner nous avons été jouer aux quilles (la rigole de bois pour le retour des boules était des plus branlantes). Vu un taureau noir nouveau-né, une arrière-cuisine très propre et une artiste peintre de haute taille en robe de piqué blanc. Poussé à travers bois jusqu'à Falkendorf où j'ai vu deux beaux spectacles : des baigneurs nus sous les feuillages que traversaient les rayons du soleil, et un énorme hêtre qui trônait au milieu du village comme une divinité païenne. Fierté d'un villageois à son endroit. Encore des forêts pleines de muguets, et près de la maison deux amoureux endormis au bord de la route, la tête dans l'herbe, qui se tenaient par les épaules. Dieu qu'ils étaient laids ! Et pourtant je leur ai été reconnaissant de leur présence. »

Nous revînmes tous les sept sains et saufs de notre grande excursion aux *Oder Berge*, même si Fraulein Backe se plaignit d'ampoules aux pieds. En écrivant *Le legs de Mr Wilcox* je me suis souvenu des *Oder Berge* et de la Poméranie.

L'autre extrait est plus méditatif, et rappelle un épisode déjà mentionné.

« 14 juillet. À huit heures ce soir le ciel, à l'est, était plein d'énormes nuages couleur safran. La lune apparaissait parfois parmi eux. À l'ouest le soleil se couchait dans un ciel dégagé, traversé de rares écharpes dorées. La lumière paraissait tomber des arbres sur les charrettes de foin ou les Polonais qui allaient nus-pieds. Souvenir du soleil de dimanche dernier, dans le bois de bouleaux. Après quelques bières, il me semblait lui-même devenu un ruisseau de bière et ses derniers rayons, se confondant avec ceux de la lune, se réfléchissaient dans la mer de Thur. Le changement magique de toutes choses – je l'ai noté hier –, se produit maintenant à six heures quinze. Tout devient soudain lumineux et coloré. Retour de pique-nique avec les enfants. Couvert de *Blaubeeren*, de beurre, de lait, de café, de poussière et de groseille à maquereau. »

Je constate avec surprise que l'Allemagne, un pays que je connais mal et pour lequel je n'ai pas d'affinités, me séduisit à deux reprises par ses paysages. La première fois c'était à Nassenheide. La seconde, un demi-siècle plus tard, ce fut dans un village perdu de Franconie. Le paysage était moins spectaculaire qu'en Poméranie. De vertes collines étaient couronnées de forêts. On apercevait des châteaux pittoresques, des panoramas lointains. Et cependant les deux régions avaient ceci de commun qu'elles semblaient infiniment vastes, ouvertes, et sans trace aucune d'industrialisation. Ni fumée, ni lignes télégraphiques, ni pylônes, ni affiches. L'air y était pur. Cela me rappelait nos paysages avant qu'ils ne fussent irrémédiablement dévastés.

La tragédie de l'Angleterre est d'avoir un territoire trop exigu pour qu'elle puisse devenir un État moderne en gardant sa fraîcheur. Même nos parcs nationaux portent des traces de souillure. En Allemagne, peut-être les plus grandes dimensions du pays permettront-elles de mieux préserver les paysages que dans les petites nations – comme ce paysage que je voyais du seuil de notre maison du Hertfordshire, lorsque j'étais enfant, et dont je sais qu'il ne me survivra pas.

Ce texte, écrit à l'occasion de la publication de la biographie d'Elizabeth par sa fille Liebet (*Elizabeth of the German Garden*, Londres, Heinemann, 1958) a été diffusé par la BBC en 1958 et publié par *The Listener* le 1er janvier 1959.

ELIZABETH ET SON JARDIN ALLEMAND

de Elizabeth von Arnim.

La comtesse d'Arnim en 1896.

7 MAI. – Que j'aime le jardin où j'écris ces lignes par une belle fin d'après-midi ! Souvent les moustiques m'interrompent, et plus encore la tentation de contempler dans toute leur splendeur les jeunes pousses si vertes depuis qu'une pluie froide est venue les baigner il y a moins d'une demie heure. Le dialogue de deux hiboux, perchés tout près, m'enchante autant que les plus savantes roulades d'un rossignol. Monsieur hibou lance 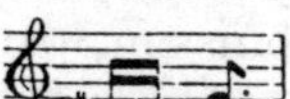, et de son arbre, un peu plus loin, la femelle répond , heureuse d'approuver bien haut ce que vient de proférer son seigneur et maître, ainsi qu'il sied à une vraie dame hibou d'Allemagne. Inlassablement ils reprennent les mêmes phrases, au point que je commence à me demander s'ils ne médisent pas de moi. Mais ce ne

sont pas des sarcasmes de hiboux qui réussiront à m'alarmer.

Ce jardin, on dirait une jungle. La vieille maison est restée inoccupée depuis vingt-cinq ans, et pourtant elle est si jolie que pour lui préférer délibérément les horreurs d'un appartement en ville, ses anciens propriétaires devaient appartenir à cette espèce d'êtres sans yeux ni oreilles qui semblent aujourd'hui peupler la majeure partie du monde. Êtres sans nez, qui plus est – quelle horreur rien que d'y penser ! –, car mon bonheur de printemps est fait d'abord de l'odeur de la terre humide et des jeunes pousses.

Chaque saison a pour moi ses bonheurs (pour autant que je puisse sortir de cette maison trop remplie de meubles et de domestiques), mais mon bonheur de printemps ne saurait se comparer à ceux de l'été ou de l'automne, même s'ils ne sont pas moins intenses et si, l'hiver dernier, il m'est parfois arrivé de danser de joie dans mon jardin couvert de givre, sans souci de mon âge ni de mes enfants (mais je l'ai fait à l'abri d'un buisson, par égard pour les convenances).

Les cerisiers qui m'entourent ont des branches qui frôlent le gazon de si près, et sont couronnés d'une telle abondance de bourgeons blancs et verts que le jardin prend des allures de noce villageoise. Jamais je n'en avais vu autant. Ils occupent tout l'espace. Juste derrière le petit cours d'eau qui borde le jardin du côté de l'est, au beau milieu d'un champ de blé, se tient un cerisier gigantesque, tout en grâce et splendeur déployées contre le bleu froid du ciel de printemps.

Mon jardin eſt entouré de champs de blé et de prés par delà lesquels s'étend à l'infini une inexorable succession de landes sablonneuses et de forêts de pins. Ces forêts sont si belles dans l'immensité hautaine et rose de leurs cimes, très loin au-dessus du gris-vert mousseux des ramures et du vert éclatant des buissons de myrtilles ! On y sent partout une sorte de halètement silencieux. Les landes aussi sont belles dans leur nudité. L'éternité s'y peut presqu'entrevoir, et le voyageur qui s'y avance à la tombée du jour a le sentiment de se trouver en présence de Dieu même.

C'eſt au beau milieu de cette plaine que se trouve l'oasis de cerisiers et de verdure où je passe mes journées heureuses, et, au milieu de l'oasis la maison de pierres grises couronnée de pignons où je dois à regret passer mes nuits. La maison, très ancienne, a subi de nombreuses transformations à différentes époques. Avant la guerre de Trente Ans c'était un couvent, et la chapelle voûtée dont les genoux des pieux paysans ont luſtré les briques sert maintenant de veſtibule. Guſtave Adolphe et ses Suédois y sont passés plus d'une fois, ainsi que l'atteſtent les archives du domaine, car nous nous trouvons au beau milieu de la route qui unissait la Suède au malheureux Brandebourg. Le Lion du Nord était sans aucun doute une personne parfaitement eſtimable, à la foi ardente et sincère, mais en quoi était-il nécessaire de bouleverser la vie de ces paisibles nonnes, et de les disperser à travers l'immense plaine poméranienne à la recherche éperdue d'une vie capable de remplacer l'existence silencieuse qu'elles menaient ici ?

De presque toutes les fenêtres de la maison je peux contempler la plaine sans qu'aucune colline arrête mon regard avant la lointaine forêt bleue, ou bien, vers l'ouest, le soleil couchant : rien qu'une immense plaine butant contre le soir qui tombe. J'aime tant ces couchers de soleil que j'ai installé ma chambre dans l'aile ouest afin de les admirer tout à loisir, effondrée sur un bon fauteuil devant la fenêtre ouverte, pendant que je me fais brosser les cheveux par une jeune servante qui a appris à ne pas troubler par des bavardages malvenus ce moment solennel et doux. Cette fille ne parvient pas à comprendre comment je peux passer le plus clair de mon temps dans le jardin, et toutes les idées qu'elle pouvait avoir quant au genre de vie que se doit de mener une baronne allemande ont été mises à rude épreuve depuis qu'elle travaille avec moi. Tous ceux qui m'entourent sont persuadés que je suis, pour le moins, une excentrique, car le bruit s'est vite répandu que je passe mes journées à lire dans le jardin sans jamais coudre ni faire la cuisine. Mais pourquoi faire la cuisine lorsqu'on dispose d'une cuisinière ? Quant à la couture, les domestiques ourlent les draps plus vite et bien mieux que je ne saurais le faire, et les travaux d'aiguille d'un genre plus relevé ne sont

Le « Schloss » vu du jardin,
avec les trois enfants.

qu'inventions du Malin destinées à détourner les filles sans cervelle de la voie de la sagesse.

Nous étions mariés depuis cinq ans lorsque l'idée nous vint que nous pourrions nous installer ici. Pendant ces cinq années nous habitions un appartement, en ville, et jamais je ne m'étais mieux portée – ce qui suffit à montrer combien il serait absurde d'attribuer à une bonne digestion mon bonheur d'aujourd'hui, et non à mon cher jardin. Je n'arrive pas à croire que nous gaspillions ainsi notre vie alors que les pissenlits poussaient ici jusque devant la porte d'entrée, que le tracé des allées avait disparu sous les herbes folles, qu'en hiver seul l'impassible vent du nord venait frapper aux portes du *Schloss*, et que cinq mois de mai ont passé sans que personne contemplât mes merveilles de cerisiers ni mes bouquets de lilas, plus merveilleux encore, alors que tout resplendissait et que la vigne vierge devenait chaque année plus envahissante, jusqu'à couvrir le toit lui-même de tresses rouge sang. Les hiboux, les écureuils et tous les oiselets bénis de Dieu régnaient alors en maîtres. Nul ne pénétrait dans la maison déserte à l'exception des serpents qui, durant ces années silencieuses, avaient pris l'habitude de grimper le long du mur du midi dès que la vieille gardienne ouvrait les fenêtres. La paix, le bonheur, une vie raisonnable, tout cela était possible déjà, et cependant jamais l'idée de vivre ici ne m'avait traversé l'esprit. En y repensant il me paraît à peine croyable, et à vrai dire tout à fait incompréhensible, d'avoir tant tardé à découvrir que mon royaume céleste se trouvait dans cet endroit perdu. Même en été je ne songeais pas à m'y rendre, et chaque année pendant des semaines je pratiquai les rites affreux du bord de mer jusqu'à ce que l'an dernier, au début du printemps, je vinsse inaugurer l'école du village. Je m'aventurai dans le jardin encore nu et désolé. Je ne sais quelle odeur, alors, de terre humide ou de pourrissement de feuilles, me remit soudain en mémoire les jours de bonheur passés dans un jardin durant l'enfance. Pourrai-je jamais oublier cette journée ? C'est alors que je commençai de vivre, que je devins adulte enfin, et que je poussai les portes de mon royaume. Sous le ciel gris de début mars, à contempler cette étendue de terre brune et détrempée, sans un bruit, sans un feuillage encore, je fus envahie par la tristesse, la solitude, mais aussi par le même plaisir si pur du premier frémissement du printemps que j'avais connu lorsque j'étais enfant. Comme un lourd manteau tombant de mes épaules, mes cinq années perdues cessèrent soudain de me peser. Le monde était de nouveau plein d'espoir. Je m'abandonnai à la nature, et à ce bonheur qui ne m'a plus quitté depuis lors.

L'indulgence de mon conjoint, qui jugeait sans doute utile que quelqu'un s'occupât de la maison, me permit de m'y installer pour ce qui devait être un court séjour. S'ensuivirent six semaines enchantées, depuis la fin d'avril jusqu'en juin, pendant lesquelles je demeurai complètement seule. En principe j'étais là pour surveiller la peinture et la pose des papiers peints, mais je ne mettais le pied dans la maison que lorsque les ouvriers l'avaient quittée.

Comme je fus heureuse alors ! Je ne peux me souvenir d'aucune époque aussi enchantée depuis que, trop petite pour recevoir des leçons, j'allais chaque jour à onze heures manger toute seule des tartines de beurre et de sucre sur une pelouse toute semée de pissenlits et de pâquerettes. Les tartines de sucre ont perdu de leur charme, mais j'aime toujours passionnément les pissenlits et les pâquerettes, et jamais je ne laisserais tondre ma pelouse si je n'étais pas sûre de les voir relever la tête un ou deux jours plus tard, plus sémillants encore. Pendant ces six semaines je vécus dans un monde tout de pissenlits et de délices. Les pissenlits couvraient les trois pelouses — ou plutôt les prairies d'herbes jolies qui avaient remplacé les pelouses —, et sous les bouquets de chênes et de hêtres dépouillés de feuillage se montraient hépatiques bleues, anémones blanches, violettes et renoncules des champs. L'immaculée, la rayonnante allégresse des renoncules me ravissait tout spécialement. Elles luisaient comme sous un vernis fraîchement posé par les peintres. Après la fanaison des anémones apparurent quelques pervenches et sceaux-de-Salomon, puis l'éclatante et soudaine floraison des cerisiers. Mais avant même que je me fusse habituée à leur façon triomphale de se découper contre le ciel de printemps survinrent les lilas. Des quantités de lilas. Au milieu des pelouses, mêlés aux haies qui bordent les allées, ou bien serrés en un massif ininterrompu de près d'un demi *mile* qui, au delà de la façade ouest de la maison et aussi loin que porte le regard, déploie ses splendeurs devant un horizon de sapins. Bientôt les acacias fleurirent à leur tour, suivis sous les fenêtres de la façade sud par quatre grands massifs de pâles pivoines rose-argent. J'éprouvai un tel sentiment de bonheur, d'exaltation et de reconnaissance, que les mots ne sauraient le décrire. Un rêve de paix rose et violet tramait chacun de mes jours.

Il n'y avait dans toute la maison que la vieille gardienne et une servante. Aussi, contre la promesse de ne me mêler de rien, me fut-il possible de m'abandonner à ce que mon conjoint appelle ma « fantaisie déréglée » en matière de repas — des repas si simples qu'on pouvait me les apporter sur un plateau au milieu des lilas. Je me souviens que durant tout ce temps je vécus de salade, de pain et de thé, à la seule exception du minuscule pigeon qui, parfois, venait au dire de la gardienne m'empêcher de mourir tout à fait de faim. Qui d'autre qu'une femme aurait pu supporter un tel régime de salade pendant six semaines, même si cette salade était sanctifiée par la présence et le parfum des plus époustouflants bouquets de lilas ? C'est pourtant ce que je fis. Le goût de la salade m'est passé, mais combien de fois depuis lors, en participant chaque jour au rituel immuable de trois grands repas – dont deux doivent obligatoirement être réglés par ces auxiliaires stipendiés sans lesquels la dignité de la famille ne saurait se maintenir et qui comportent tous invariablement des viandes rôties –, combien de fois n'ai-je pas songé avec nostalgie à mes quarante journées de salade, et à la joie que j'éprouvais d'être aussi complètement seule !

Le soir, lorsque les ouvriers avaient quitté la maison, que celle-ci était abandonnée à ses seuls échos, que la gardienne avait couché ses rhumatismes et qu'on avait préparé ma petite chambre de l'autre côté de la maison, comme il m'en coûtait de quitter l'amitié des grenouilles et des hiboux, de tirer derrière moi la porte du jardin, de traverser l'interminable enfilade des pièces du midi – toutes pleines d'ombres, d'échelles et de seaux fantomatiques remplis de substances mystérieuses –, de franchir les briques de l'entrée, à pas comptés et en chantonnant pour me donner courage, de monter l'escalier qui craquait de partout, de m'engager dans le long couloir blanchi à la chaux, et de me précipiter en un dernier sursaut jusque dans la chambre dont je m'empressais de verrouiller la porte à double tour !

Il n'y avait pas de sonnettes dans la maison, aussi emportais-je toujours avec moi la clochette de la salle à manger pour pouvoir appeler la nuit en cas de besoin – tout en sachant très bien que personne ne pourrait l'entendre. La servante occupait une petite cellule à laquelle on ne pouvait accéder que par la mienne, et nous étions les seules créatures vivantes dans toute la grande aile ouest. À l'évidence, cette fille ne croyait pas aux fantômes, car je pouvais l'entendre sombrer dans un sommeil profond dès qu'elle s'était couchée. Moi non plus je n'y crois pas, « mais je les redoute », comme l'écrivait récemment une dame française dont les livres montrent pourtant qu'elle ne manquait pas de tempérament.

La clochette de la salle à manger me rassurait beaucoup. Jamais je n'eus à m'en servir, mais de la voir sur la chaise à côté de mon lit suffisait à me tranquilliser pendant mes nuits tourmentées. Tout semblait si étrange dans cette maison pleine de bruits singuliers. Je restais éveillée des heures durant, tirée d'un léger sommeil par un plancher qui craquait, à écouter les ronflements indifférents de la fille qui dormait dans la pièce à côté. Bien entendu, le matin me rendait mon courage intact, et je riais tout mon saoul des sueurs froides de la nuit. Mais les nuits elles-mêmes me semblent maintenant avoir été délicieuses, et quand je pense à celle que j'étais alors, c'est comme à l'un de ces enfants de la fable qui entendent des voix et prennent plaisir à se faire peur. Je suis prête à trembler encore des nuits entières pour jouir de la pureté, de la beauté de Nassenheide quand elle était encore sans domesticité ni décoration superflue.

Comme les chambres étaient jolies lorsqu'elles n'avaient aux murs que leurs gais papiers peints !

Parfois je m'aventurais dans celles qui étaient achevées et laissait la bride à mon imagination. En découvrant la cellule n° 14 convertie en salle de bains et pourvue d'une baignoire assez vaste pour assurer une netteté des corps égale à leur pureté d'âme, n'y verraient-elles un piège du démon ? Je dois avouer à ce propos que je n'avais jamais fait attention à mes ongles en deuil avant de tomber amoureuse, à l'âge de quinze ans, de l'organiste de la paroisse, ou plutôt d'un bout de surplis, d'un nez busqué et d'une moustache en bataille pour lesquels je me passionnai pendant plus de six mois. Hélas il me suffit de le croiser, un jour que j'étais sortie avec ma gouvernante, et de le découvrir en redingote, col dur et « melon », pour que mon amour s'évanouisse à l'instant.

Ces six semaines m'avaient permis de m'abandonner sans réserve à la paix et à la beauté qui m'entouraient, quand apparut sans crier gare Celui qui a le droit d'apparaître comme il Lui plaît et quand il Lui plaît. Il me reprocha hautement d'avoir négligé de lui écrire, et lorsque je lui répondis que j'avais été trop heureuse pour le faire, se rembrunit aussitôt à l'idée que je pouvais connaître le bonheur en son absence. J'eus beau l'entraîner dans le jardin, lui faire parcourir les nouvelles allées que j'y avais tracées, lui montrer les lilas et les acacias dans toute leur splendeur, il s'obstina à me répéter que mes joies avaient été purement égoïstes puisque ni mes enfants ni lui n'étaient auprès de moi, et que d'ailleurs les lilas avaient besoin d'être taillés. Je tentai de l'amadouer en lui offrant la salade et les tartines grillées du « dîner » qui m'attendait au pied de l'escalier menant à la petite véranda, mais rien n'aurait pu apaiser cet Homme de Colère qui déclara s'en repartir « à l'instant » vers sa famille abandonnée. Après son départ le remords me poignait à seulement sentir une envie de danser. Je courais surveiller les peintres quand mes pieds ne demandaient qu'à m'emporter vers le jardin; je trottais diligemment tout le long des couloirs; je prodiguais en un jour plus de critiques, de suggestions et d'ordres que je ne l'avais fait durant ma vie entière; j'écrivais très régulièrement pour assurer les miens de mon affection. Impossible pourtant de me languir ni de me ronger de souci. Que vouliez-vous que je fisse ? Ma conscience était pure, mon foie en parfait état de marche, et le soleil éclatant !

10 mai. — L'année dernière j'ignorais tout du jardinage, et cette année ne suis guère plus savante même si j'ai maintenant les idées plus claires et si je suis déjà passée de la culture des volubilis à celle des roses thé.

Le jardin était une véritable forêt vierge qui encerclait la maison de tous côtés, mais surtout au midi. De ce côté la maison ne comporte qu'un étage : une longue série de pièces qui se commandent les unes les autres. Les murs sont entièrement recouverts de lierre. Au centre, une petite véranda mène par un escalier de bois branlant vers la seule partie du jardin qui ait jamais été vraiment entretenue. Dans un demi-cercle bordé de troènes, au milieu de la pelouse, je découvris onze plates-bandes de différentes dimensions disposées autour d'un très ancien cadran solaire moussu pour lequel j'ai beaucoup d'affection. Ces plates-bandes étaient le seul signe visible de jardinage en ce jardin (à l'exception d'un crocus solitaire qui fleurissait chaque printemps sans l'avoir vraiment désiré – mais que pouvait-il faire d'autre ?). J'y plantai partout des volubilis après avoir lu dans un manuel de jardinage allemand qu'ils étaient capables de transformer le désert le plus lugubre en véritable paradis. Le manuel les recommandait avec une chaleur vraiment communicative. Dans mon ignorance des quantités à utiliser j'en achetai dix livres que je ne plantai pas seulement dans les onze plates-bandes mais autour de presque tous les arbres, puis attendis, très agitée, l'apparition du paradis promis. Jamais celui-ci ne daigna se montrer, et ce fut ma première leçon.

Par chance, j'avais aussi planté deux grands carrés de pois-de-senteur mêlés de lys blancs qui suffirent à mon bonheur pendant tout l'été, ainsi que quelques tournesols et des roses trémières sous les fenêtres de l'aile sud. Quand les lys moururent, je fus affreusement dépitée. Comment aurais-je pu deviner qu'ainsi vont tous lys ? Quant aux roses trémières, elles furent si vilaines que mon premier été n'eut pour tout décor et embellissement que les seuls pois de senteur.

Ces jours-ci nous commençons tout juste à reprendre notre souffle après avoir préparé de nouveaux parterres, plates-bandes et sentiers en prévision de la saison d'été. Les onze plates-bandes autour du cadran solaire sont toutes garnies de roses, mais je me rends compte que j'ai encore commis bien des bévues. N'ayant personne à qui m'ouvrir de mes difficultés — à vrai dire n'ayant personne à qui parler —, je suis obligée de tâtonner. Les onze plates-blandes auraient dû être couvertes d'un tapis de pensées violettes, mais je n'en avais pas commandé assez, et personne ne pouvait m'en vendre. On ne trouve donc de pensées que dans six plates-bandes, les autres étant semées de résédas nains. Deux sont garnies de roses « Marie van Houtte », deux de « Vicomtesse Folkestone », deux de « Laurette Messimy », une de « Souvenir de la Malmaison », une d'« Adam et Devoniensis », deux de « Perse Jaune » et de « Bicolores », enfin la dernière grande plate-bande, derrière le cadran solaire, présente trois variétés de roses rouges (soixante-douze en tout): « Duc de Teck », « Cheshunt Scarlet » et « Préfet de Limbourg ». C'est sûrement une bévue, mais il me faut attendre pour en avoir le cœur net. Je suis si ignorante ...

J'ai également fait planter deux plates-bandes de chaque côté du demi-cercle, toujours avec du réséda et dans l'une des « Marie van Houtte », dans l'autre des « Jules Finger » et des « Fiancée ». Sous les fenêtres du salon ont été disposées des « Madame Lambard », « Madame de Watteville » et « Comtesse Riza du Parc ». Plus loin, abritées au nord et à l'ouest par un bosquet de hêtres et de lilas, se trouve une dernière plate-blande de « Rubens », « Madame Joseph Schwartz », et « Hon. Edith Gifford ». Ce sont toutes des roses naines. Dans tout le jardin je n'en ai que deux de taille normale, deux « Madame George Bruant » qui ressemblent à des manches à balai. Comme je suis impatiente de voir s'ouvrir les boutons des roses thé ! Jamais je n'ai rien attendu avec autant de fièvre. Chaque jour je procède à une tournée d'inspection pour admirer les progrès accomplis par les feuillages vert tendre et les mignons boutons rouges.

Les roses trémières et les lys blancs (maintenant en fleur) se trouvent toujours sous les fenêtres de l'aile sud, formant une étroite bordure qui couronne une pente gazonnée au pied de laquelle j'ai semé deux longues plates-bandes de pois-de-senteurs, si bien que mes roses auront de jolis compagnons jusqu'à l'automne, quand les roses thé occuperont toute la place. Le sentier qui descend à travers le jardin est bordé de roses de Chine blanches et rosées, avec ici et là quelques « Jaune Perse ». Aujourd'hui je préférerais avoir planté là aussi des roses thé, car j'ai quelques appréhensions à l'idée du mélange des « Jaune Perse » et des roses de Chine tant ces dernières sont minuscules alors que les « Jaune Perse » ont l'air de vouloir se transformer en de véritables buissons.

Nul ne paraît comprendre, ici, combien le cœur me bat en attendant la floraison de mes roses. Il n'eſt pas un traité de jardinage allemand qui ne relègue les roses thé dans les serres, les emprisonnant à vie et les empêchant pour toujours d'être touchées par le souffle de Dieu. Seule mon extrême ignorance a pu me permettre de planter mes roses thé face au vent du nord, et pourtant elles lui ont bravement fait face, sous les branches de sapin. Aucune n'a souffert. Et elles semblent aujourd'hui aussi heureuses et aussi décidées à profiter de la vie qu'aucune rose d'Europe.

14 mai. – Aujourd'hui j'écris sous la véranda, entourée des trois bébés qui mènent une sarabande endiablée. Déjà plusieurs des trente petits doigts se sont attardés dans l'encrier, et j'ai dû plusieurs fois consoler leurs propriétaires après que le devoir m'ait commandé de les réprimander. Mais comment réprimander ces mignonnes capelines repentantes ? Je ne vois plus autour de moi que capelines, tabliers et petites jambes bronzées.

Ces trois petites, leur fidèle gouvernante, le jardinier, son assiſtant et moi sommes les seuls êtres humains à jamais pénétrer dans le jardin. À vrai dire nous ne le quittons guère. Le jardinier eſt à notre service depuis un an et m'a régulièrement donné son congé le premier de chaque mois, mais j'ai toujours réussi à le faire revenir sur sa décision. Le premier de ce mois il est venu me trouver, comme à l'habitude. La détermination se lisait dans tous ses traits quand il m'annonça sa décision irrévocable de nous quitter en juin. Je ne crois pas qu'il entende grand chose au jardinage, mais il est tout à fait capable de bêcher et d'arroser, et puis certaines des graines qu'il a semées ont germé, certaines des plantes qu'il a plantées ont poussé malgré tout... Qui plus est, il n'épargne point sa peine et possède en outre l'immense mérite, à mes yeux, de ne s'intéresser ni de près ni de loin à nos activités. Aussi tentai-je de le retenir, ne sachant quel serait son successeur. Lorsque je lui demandai s'il avait lieu de se plaindre de nous, il me répondit que non. J'en conclus qu'il désapprouvait surtout mon goût des plantations en touffe. Peut-être aussi supporte-t-il mal les traités de jardinage dont je lui fais lecture dès qu'il entreprend de planter ou de semer quoi que ce soit. Étant moi-même novice en ces matières, j'ai cru préférable de l'abreuver aux sources mêmes du savoir au lieu de me perdre en explications vagues. Cela doit être fort désagréable, et seule ma crainte de perdre une année de travail à cause de quelque erreur facile à éviter m'a donné le courage de poursuivre dans cette voix. Il m'arrive de rire à part moi, derrière le livre déployé, rien qu'à voir ses grimaces de dégoût. Je voudrais le photographier en de pareils moments afin de raviver dans vingt ans d'ici, lorsque le jardin ne sera plus que splendeur, le souvenir de mes combats et de mes échecs d'aujourd'hui.

Pendant tout le mois d'avril il a transplanté les plantes vivaces que nous avions semées à l'automne, ce qui veut dire que jour après jour je l'ai vu tracer à l'aide de son cordeau des alignements impeccablement rectilignes le long desquels les pauvres plantes étaient disposées comme soldats à la parade. Un jour que j'étais absente il a préparé de cette façon deux longues plates-bandes, et lorsqu'à mon retour je lui ai expliqué que je souhaitais que la troisième fût plantée en touffes au lieu de ses sempiternels alignements, afin qu'on ne vît point de terreau entre les plantes, il m'a jeté un regard plus sombre encore qu'à l'ordinaire. Quand je suis sortie m'assurer du résultat, je me suis aperçue qu'il avait planté dans deux bordures qui longeaient une allée des groupes de cinq plants alternés – cinq mignardises puis cinq pieds-d'alouette puis cinq mignardises encore, et ainsi de suite jusqu'à l'extrémité de la bordure. Devant mes protestations, il m'a répondu qu'il n'avait fait qu'exécuter mes ordres tout en sachant très bien que le résultat en serait désastreux. Il m'a fallu m'incliner. Les bordures restantes ont été préparées sur le modèle des deux premières. Il ne me reste donc plus qu'à attendre patiemment l'été pour pouvoir les bêcher à nouveau. La Modestie ne doit-elle pas être la principale qualité des novices ?

Si seulement je pouvais manier moi-même la bêche et le plantoir ! Comme il serait plus facile, et plus exaltant, de creuser ses propres trous exactement à l'endroit où on le souhaite au lieu de donner des ordres qui ne sont jamais compris qu'à moitié dès l'instant où l'on s'éloigne des alignements tracés par ce maudit cordeau ! Tout en proie au bonheur de posséder mon propre jardin, et très impatiente de voir fleurir les lieux les plus désolés, il m'est arrivé un beau dimanche d'avril dernier, durant le repas des domestiques, de me glisser hors de la maison armée d'une pelle et d'un rateau et de bêcher fiévreusement un petit carré de terre afin d'y planter quelques volubilis avant de revenir en toute hâte m'effondrer sur une chaise, rouge et confuse, et me cacher derrière un livre pour préserver ma réputation d'honnête femme. Et pourtant... Sans doute cette activité manque-t-elle de grâce — on y devient si rouge —, mais elle est bénie de Dieu. Si Ève avait disposé d'une bêche au Paradis, et avait su s'en servir, cette malheureuse affaire de pomme et de serpent n'aurait jamais eu lieu.

Quel bonheur de vivre en ce jardin avec mes livres, mes bébés, mes oiseaux, et tout le temps d'en jouir ! Mes amies qui habitent en ville me considèrent pourtant comme une recluse, une enterrée vive, Dieu sait quoi encore, et seraient au désespoir de devoir mener pareille vie. Parfois il me semble avoir reçu la grâce particulière d'une propension irrésistible au bonheur. Je crois que je me sentirais toujours heureuse pourvu que le soleil brille, et que je serais parfaitement capable de m'amuser jusqu'en Sibérie si le temps y était beau. Quelle ville pourrait jamais m'offrir des joies comparables à celles qui m'ont comblée chaque soir pendant le mois qui vient de s'écouler, lorsque j'allais m'asseoir au pied de la véranda, avec autour de moi le parfum des jeunes mélèzes, la lune de mai qui luisait au-dessus des hêtres, et ce silence magnifique rendu plus profond encore par le coassement des grenouilles, dans le lointain, et le hululement des hiboux ? Le ronflement d'un hanneton volant près de mon oreille me fait trembler de plaisir, au souvenir des étés passés, et de crainte qu'il ne se prenne dans mes cheveux. L'Homme de Colère dit que ce sont des créatures nuisibles qui devraient être éliminées. Pourquoi ne pas attendre pour cela la fin de l'été, au lieu des les priver de ce monde si joli qui commence seulement à s'animer ?

L'après-midi a été fort agité. Ma dernière fille, qui est née en avril, a cinq ans; la plus jeune, qui est du mois de juin, en a trois; les esprits avisés en déduiront aisément l'âge de la troisième, le « bébé de mai ». Alors que je me penchais sur un bouquet de roses trémières plantées au sommet de l'unique éminence du jardin, le « bébé d'avril », qui rêvassait assis sur un tronc d'arbre, s'est soudain levé d'un bond et a pris ses jambes à son cou en donnant tous les signes d'une frayeur extrême. J'ai regardé tout autour sans comprendre ce qui lui arrivait avant de découvrir qu'un troupeau entier de jeunes vaches qui paissait dans le pré attenant au jardin avait traversé la haie et se rapprochait dangereusement de mes roses thé et de mes enfants chéris. Avec l'aide de la gouvernante j'ai réussi à les repousser, mais pas avant qu'elles n'aient foulé au pied de la plus cruelle façon un parterre de lys et de mignardises, défoncé un lit de roses de Chine, et même commencé à brouter une clématite « Jackmanni » que je tente de convaincre de grimper le long d'un tronc d'arbre. Le sombre jardinier était souffrant, et son assistant parti aux vêpres – qui jouent le rôle du thé dans toute l'Allemagne luthérienne –, aussi la gouvernante a-t-elle dû réparer les dégâts du mieux qu'elle a pu, remettant du terreau là où il avait été défoncé, enterrant mes roses froissées, mutilées, privées à jamais de la gloire de l'été, tandis que je me laissais aller à l'abattement le plus complet. Le « bébé de juin », faisant preuve d'une vaillance sans commune mesure avec sa petite taille et son âge tendre, s'est emparé d'un bâton bien plus haut que lui et s'en est allé faire face aux vaches, puisque le vacher avait disparu on ne savait où. Campée devant les animaux qui la regardaient avec stupéfaction, ma petite les a tenus en respect jusqu'à l'arrivée d'un garçon de ferme armé d'un fouet qui a trouvé le vacher paisiblement endormi à l'ombre d'un fourré et lui a administré une sévère correction. Le vacher, un jeune lourdaud, était beaucoup plus grand que celui qui le corrigeait, mais il paraissait considérer que la punition faisait partie de sa journée de travail et l'a subie sans piper mot. Il n'a pas dû sentir grand chose à travers ses culottes de peau, et il avait grandement mérité d'être battu. Mais quel métier ingrat, pour un jeune homme sans cervelle, que de surveiller des vaches ! Seuls les poètes à imagination devraient embrasser pareille profession.

Après que mes deux autres bébés nous aient embrassées avec effusion, comme si nous avions échappé à de grands périls, nous avons tranquillement pris notre thé sous un grand hêtre dans le feuillage duquel j'ai distingué un bébé hibou perché sur une branche basse tout près de ma tête. Je me suis hissée sur le pliant et l'ai attrapé sans difficulté puisqu'il ne savait pas voler (je ne comprends toujours pas comment il était parvenu jusqu'à la branche). C'est une petite boule de duvet gris, affublée du visage le plus solennel, le plus grave et le plus pittoresque qu'on puisse imaginer. Le pauvre ! J'aurais dû le laisser partir, mais je n'ai pu résister à la tentation de le garder jusqu'au retour de l'Homme de Colère, actuellement en voyage, qui m'a si souvent répété qu'il voudrait essayer d'apprivoiser un jeune hibou ! Je l'ai installé dans une vaste cage attachée à une branche proche de celle où je l'avais découvert et qui ne peut être bien loin de son nid et de sa mère. À peine étions-nous revenus à notre thé que j'ai aperçu parmi les hautes herbes deux autres boules duveteuses, si menues qu'on les aurait facilement confondues avec de petites taupinières. Elles ont bientôt rejoint la première boule au fond de la cage. Quand l'Homme de Colère rentrera, il ne sera pas seulement accueilli par une souriante épouse, ainsi qu'il convient, mais par les trois petits hiboux dont il avait tant envie. Sans doute est-il étrange de les séparer de leur mère, et je sais qu'un jour je les laisserai partir — peut-être la prochaine fois que l'Homme de Colère partira en voyage. J'ai mis dans leur cage un petit pichet d'eau, bien qu'ils n'en aient sans doute jamais goûté (à moins d'avoir bu les gouttes de pluie ruisselant le long des feuilles du hêtre). Je suppose que tout le liquide dont ils ont besoin leur est fourni par le sang des souris et autres friandises dont les gavent leurs chers parents. Mais j'aime mieux l'idée des gouttes de pluie.

15 mai. — Comment ai-je pu être assez cruelle pour enfermer ces pauvres petits hiboux dans une cage, même pour une seule nuit ! Je n'arrive pas à me le pardonner. Jamais plus je ne tenterai d'aller au devant des désirs de l'Homme de Colère. Ce matin je me suis levée tôt pour voir comment ils allaient et j'ai trouvé la porte de la cage ouverte. De hibou, plus de trace. J'ai naturellement pensé qu'ils avaient été dérobés — par un garçon du village, ou peut-être par le vacher puni. Mais en regardant alentour j'en ai vu un perché très haut dans le hêtre, puis à mon grand désarroi un autre qui gisait à terre. Il était mort. Le troisième est sans doute à l'abri dans son nid. Les parents hiboux ont dû cisailler les barreaux de la cage jusqu'à ce que la porte s'ouvrît, puis emporter leurs petits dans l'arbre. Celui qui est mort s'est probablement brisé le cou en tombant de la branche, car il a venté cette nuit. Par ma faute, une vie heureuse manque aujourd'hui à ce jardin alors même que la beauté et la chaleur de cette journée semblent faites pour l'enchantement des petites créatures duveteuses. Les petites filles sont très tristes. Elles creusent une tombe et tressent des couronnes funéraires en fleurs de pissenlit.

À peine avais-je écrit ces lignes que j'ai entendu le bruit d'une voiture. Je me suis précipitée au devant de l'Homme de Colère pour lui dire bien vite que j'avais presque réussi à lui dénicher les hiboux dont il avait envie depuis si longtemps, que j'étais désolée qu'ils se fussent enfuis, que nous étions tous malheureux de la mort de l'un d'eux, et mille autres choses encore comme font toujours ces bavardes de femmes.

Il m'a écouté sans rien dire jusqu'à ce que je fusse obligée de reprendre ma respiration, puis a déclaré posément :

« Votre cruauté me stupéfie. Comment avez-vous pu infliger de pareilles souffrances à la mère de ces hiboux ? Elle ne vous avait pourtant rien fait. »

Aussitôt je me suis enfuie vers le jardin, plus convaincue que jamais de la justesse du vers du Poète :

Un Éden solitaire est doublement Éden.

16 mai. – C'est dans le jardin que je cherche refuge, jamais dans la maison. La maison, ce sont les devoirs, les tracas, les domestiques qu'il faut exhorter ou admonester, les meubles, les repas, alors qu'au dehors je ne rencontre que plaisir et contentement – c'est là que je regrette mes moments de méchanceté, mes pensées égoïstes, toujours pires qu'elles n'en ont l'air, c'est là que me sont pardonnés mes péchés et mes bêtises, que je me sens protégée, que je me sens chez moi, en ce lieu où chaque fleur est une amie et chaque arbre un amant. Quand on m'a irritée, ils savent me consoler, et si je m'emporte sans raison ils ne manquent pas de m'absoudre. Une femme eut-elle jamais autant d'amis ? Et toujours parfaitement égaux à eux-mêmes, toujours prêts à m'accueillir et à me nourrir de pensées réconfortantes. Heureux enfants d'un même Père, pourquoi devrais-je, moi leur sœur, montrer moins d'allégresse qu'eux ? Même les jours d'orage, lorsque tout le monde rentre chez soi, je me précipite hors de la maison. Je n'aime pas les orages – avant qu'ils n'éclatent ils me terrifient pendant des heures car je les sens venir de loin. Pourquoi donc est-ce dans le jardin que je vais chercher refuge ? Je m'y sens mieux, plus entourée, plus choyée. Lorsqu'il tonne, le bébé d'avril déclare toujours que « c'est *lieber Gott* qui gronde ses anges ». Une nuit, elle s'est bruyamment plainte de ce que *lieber Gott*, incapable de gronder ses anges pendant la journée, avait été la réveiller dans son grand sommeil. Les enfants parlent toutes trois un mélange d'allemand et d'anglais, et altèrent la pureté de la langue de leur père en truffant de mots anglais leurs petites phrases allemandes. En les entendant je ne peux m'empêcher de penser à la Justice tempérée par la Miséricorde.

Aujourd'hui nous avons cueilli des fleurs de coucou dans un petit bois paré du noble nom de *Hirschwald* car d'innombrables cerfs s'y affrontent chaque automne après s'être longuement défiés en brames qui résonnent à travers le silence et font délicieusement trembler ceux qui les écoutent dans la solitude. Je vais souvent m'y promener en septembre, tard le soir. Assise sur un arbre foudroyé, j'aime à y entendre leurs cris de mâles irrités.

Nous nous sommes assises dans l'herbe et nous avons confectionné des balles en fleurs de coucou. Les bébés n'avaient jamais rien vu ni imaginé d'aussi plaisant. Le *Hirschwald* est un petit bois de bouleaux argentés s'élevant au-dessus d'un souple gazon piqueté de fleurs. Un petit ruisseau y étire d'aimables méandres qui se couvrent d'iris jaunes dès le mois de juin. Il m'arrive de rêver d'y bâtir une maisonnette. Les pâquerettes arriveraient jusqu'au seuil. Aucun sentier n'y mènerait. La maison serait juste assez grande pour un bébé et moi. Dehors on ne verrait qu'une clématite violette. Deux pièces seulement : une chambre à coucher et une cuisine. Comme nous aurions peur la nuit, et comme nous serions heureux tout le jour ! Je sais très bien où la bâtir : tournée vers le sud-est, pour jouir de la gaieté des matins, et assez proche du ruisseau pour y laver notre vaisselle au milieu des iris. Lorsque nous aurions envie de compagnie nous inviterions les autres bébés à prendre le thé et nous les gaverions de fraises sauvages présentées sur des feuilles de marronniers, mais il ne serait permis à personne de moins innocent et facile à satisfaire qu'un petit enfant de venir offusquer la splendeur de notre maisonnette ensoleillée — en fait je suppose qu'aucune personne douée de sagesse ne s'aventurerait à venir nous voir. Les gens sages ont trop d'exigences pour pouvoir réellement s'amuser. Lorsque j'en côtoie je me sens toujours obligée de m'excuser de ne pouvoir leur offrir autre chose que ce que j'aime, et je rougis de ma propension aux faciles bonheurs.

Il y a quelques jours, lors d'un dîner dans la ville la plus proche d'ici (il nous fallut toute une après-midi pour nous y rendre), toutes les femmes se montrèrent curieuses de savoir comment j'avais pu passer l'hiver loin de tout le monde, dans un domaine enfoui sous la neige parfois pendant des semaines d'affilée.

« Ah, ces maris ! soupira une dame plantureuse en hochant lugubrement la tête, ils enferment leurs épouses à double tour et ne s'inquiètent guère de leurs souffrances. »

Là-dessus toutes se mirent à soupirer en chœur et à hocher la tête elles aussi, car la plantureuse dame était une puissance, et l'on entreprit de me conter par le menu l'histoire d'un autre mari détestable qui avait emmené sa jeune femme à la campagne et l'y avait tenue recluse, dissimulant sa beauté et ses talents de la plus cruelle façon. Après plusieurs années passées à se lamenter et à mettre ses enfants au monde, la malheureuse épouse venait de s'enfuir avec une personne de la condition la plus vile – valet de pied, boulanger, on ne savait plus.

« Mais je suis parfaitement heureuse, commençai-je dès que je pus placer un mot.

– Ah, l'excellente petite femme qui sait prendre son mal en patience ..., proféra la puissante dame en tapotant ma main sans cesser de hocher la tête.

– Comment être heureuse quand on passe l'hiver entièrement seule !, ajouta la femme d'un officier de haut rang, qui n'avait pas l'habitude d'être contredite.

– Je le suis pourtant.

– À votre âge ? Impossible.

– Je le suis, je vous l'assure.

– Votre mari doit absolument vous emmener en ville cet hiver.

– Mais je ne veux pas aller en ville.

– Et ne pas vous enterrer pendant vos plus belles années.

— Mais je l'aime, cet enterrement.

— Cette solitude est inconvenante.

— Mais je ne suis pas solitaire.

— Et ne peut mener à rien de bon. »

Elle s'irritait de plus en plus.

Sa dernière remarque déclencha un chœur de « certainement pas » et de nouveaux hochements de tête.

« J'ai profondément aimé l'hiver, persistai-je quand elles furent un peu calmées. J'ai pu faire de la luge et du patin à glace. Mes enfants étaient là. Et puis j'avais des quantités de ... »

J'allai dire des quantités de livres, mais sus m'arrêter à temps. La lecture est réservée aux hommes. Pour une femme, ce ne saurait être qu'une perte de temps. Et comment leur faire comprendre la joie que me procurait un rayon de soleil sur la neige, ou l'enchantement d'un jour de gel ?

« Personne d'autre que moi n'a décidé de me faire venir ici, et mon mari ne l'a fait que pour m'être agréable.

— L'excellente petite femme, répéta la dame d'importance en me tapotant de nouveau la main d'un air de compréhension, excellente vraiment. Mais ne laissez pas votre mari vous tenir la bride trop courte. Croyez-moi, mieux vaudrait qu'il vous emmenât en ville l'hiver prochain. »

Et elles passèrent au grand sujet des cuisinières, ayant évidemment décidé que mon destin était maintenant scellé, et qu'il ne saurait tarder à prendre les traits du domestique en grande tenue qui me tendit mon manteau quand je pris congé. Il avait l'air bien inoffensif pourtant !

Je ne cessai d'en rire tout le long du chemin. Je riais encore lorsque la voiture, après avoir traversé le jardin et l'allée bordée de grands arbres paisibles, s'arrêta devant la vieille demeure si jolie. Et quand, dans la bibliothèque dont les quatre fenêtres laissaient pénétrer la clarté de la lune et les parfums de la nuit, je contemplai mes livres familiers, sûre de pouvoir à mon seul gré lire, rêver ou paresser sans que personne vînt troubler ma solitude, je fus profondément reconnaissante envers le bienveillant destin qui, m'ayant portée jusqu'ici, m'avait pourvue d'un cœur capable de comprendre mon bonheur et sauvée d'une vie semblable à celle dont je venais d'avoir le spectacle — une vie passée avec dans les narines l'odeur des dîners des autres, dans les oreilles les querelles incessantes de leurs domestiques, et pour tout divertissement les sorties en ville et les potins mondains.

Il me faut cependant avouer qu'il m'est arrivé de me sentir désemparée lorsqu'un important personnage qui me touche de près, ayant étudié à travers son monocle les moindres détails de mes arrangements domestiques et froidement disséqué depuis une fenêtre ouverte ce qui me tient tant à cœur, a fini par exprimer sa compassion pour ma solitude, et murmuré *sehr anspruchslos* devant mes protestations. En de pareils instants j'ai eu honte de la simplicité de mes désirs, mais jamais ce sentiment ne s'est prolongé après le départ du porteur de monocle. Au bout du compte, le maître des lieux partage le même idéal de vie que mes domestiques – ces filles pour qui le bonheur consiste à vivre en ville parmi des créatures de leur espèce avec lesquelles elles pourraient boire de la bière et aller danser le dimanche après-midi. Le goût pour la compagnie de ses semblables, et la crainte de rester seul, fût-ce pour quelques heures, me sont totalement incompréhensibles. Je suis capable de me distraire toute seule pendant des semaines entières, et je me m'apercevrais même pas de ma solitude, n'était ce sentiment de paix qui m'envahit. Non qu'il me soit désagréable de recevoir des hôtes pendant quelques jours, voire quelques semaines, pourvu qu'il se montrent aussi *anspruchslos* que je le suis moi-même, et se contentent de joies simples. Pour être heureux ici, il ne faut pas venir la tête et le cœur vide – on trouverait l'endroit bien ennuyeux. J'aimerais que ma maison soit remplie de gens capables de se distraire par eux-mêmes. Ils seraient accueillis et dépêchés avec une égale bonne humeur, car la vérité m'oblige à dire qu'autant j'aime à les voir arriver, il ne me déplaît jamais de les voir s'en aller.

Par des journées vraiment divines, comme celle d'aujourd'hui, il m'est arrivé de souhaiter en partager la beauté. Il a plu cette nuit, et ce ne sont pas seulement les oiseaux qui emplissent inlassablement le jardin de leurs chants, mais toute la végétation – arbres et gazon, buissons de lilas... Oh, ces buissons de lilas ! Le jardin tout entier est saturé de leur parfum. J'en ai cueilli des brassées innombrables, et il n'est dans toute la maison plus un pot, plus un bol, plus une cuvette qui ne soit rempli de leur pourpre splendeur. Les domestiques, persuadés qu'une grande réception se prépare, se montrent très agités, et moi je cours de pièce en pièce jouir du spectacle. Par les fenêtres grandes ouvertes, les parfums de la maison se mêlent à ceux du jardin. Peu à peu les domestiques comprennent qu'il n'y aura pas de réception et se demandent pourquoi la maison a été fleurie à ce point pour une femme seule. Plus que jamais je ressens le besoin d'une âme sœur — comment être assez égoïste pour réserver tant de beauté à sa seule dilection —, mais où la trouver ? Autant hurler à la face de la lune. Sans doute le jardin est-il peuplé d'amis — mais ces amis sont muets !

3 juin. — Nous sommes si loin de tout au monde qu'il faut, à qui désire nous voir, déployer une énergie peu commune. Cela me permet d'éviter les visites importunes, alors que ceux que j'aime, ou qui m'aiment, ne se laisseront décourager ni par la complexité du voyage en train ni par la longueur du trajet qu'ils devront ensuite accomplir en voiture pour parvenir jusqu'ici. Un des enchantements de cet endroit est de n'avoir en tout et pour tout qu'un voisin. Tant qu'à avoir un voisin, pourvu qu'il soit unique ! Comment peut-on vivre à sa guise, je voudrais bien le savoir, lorsqu'à toute heure du jour quelqu'un est susceptible de venir demander à vous parler ? Comment lire ses livres, ou s'abandonner à ses rêves ? Puis on sait très bien que le visiteur, ou l'hôte, laissera échapper un mot qu'il aurait dû garder pour lui, et j'ai une sainte horreur des cancans et de la médisance. Une langue de femme est une arme mortelle, et la plus difficile du monde à maîtriser. Impossible de l'empêcher de se mettre en action au moment même où elle devrait rester le plus tranquille. En pareil cas, la seule manière de sauver la situation est de réduire la conversation aux cuisinières et aux bonnes d'enfant, et de prier pour que la visite ne se prolonge pas outre mesure — car là est le danger. Mon expérience m'a enseigné que les faits et gestes des cuisinières sont de très loin les sujets de conversation les plus sûrs. Les plus flegmatiques s'animent dès qu'on en fait mention, et elles sont responsables de joies, et de peines, que nous avons tous partagées.

Heureusement, notre voisin et son épouse sont à la fois charmants et très occupés par leur nombreuse marmaille blonde et leur vaste propriété. Nos relations obéissent à des règles d'une admirable simplicité. Je rends à ma voisine une visite annuelle, et quinze jours plus tard c'est moi qui la reçois. Ils nous invitent à dîner en été, nous les invitons en hiver. En nous tenant rigoureusement à ces façons nous évitons le péril d'une amitié trop étroite, qui fournit l'occasion de querelles infinies. Ma voisine offre le modèle achevé de ce que doit être une dame allemande vivant à la campagne : elle n'est pas seulement fort jolie, mais aussi pleine d'énergie et de bon sens. Levée au point du jour, elle surveille l'alimentation du bétail, le barattage du beurre et le ramassage du lait, règle mille difficultés pendant que la plupart de ses semblables dorment à poings fermés, et tandis que les paresseux s'attardent autour de leur petit déjeuner, elle a depuis longtemps sauté dans son boguet pour visiter ses autres fermes, inspecter les « demoiselles », comme on appelle ici les fermières, mettre son nez partout, soulever le couvercle des casseroles, compter les œufs frais pondus, et, en cas de nécessité, frotter les oreilles des filles de laiterie négligentes. La loi nous donne le droit d'administrer de « légers châtiments corporels » à nos domestiques, l'évaluation de la « légèreté » des peines étant laissée à l'appréciation de chaque propriétaire. Ma voisine semble prendre le plus grand plaisir dans l'exercice de ce privilège. Que ne donnerais-je pour voir par un trou de serrure l'intrépide petite dame dresser sa juste colère sur la pointe des pieds afin de frotter les oreilles d'une forte fille assez grande pour la dévorer toute crue !

La fabrication du fromage, du beurre et des saucisses, pourvu qu'ils soient excellents, ne peut aller sans réflexion, et cette admirable activité mérite, à mon sens, toute l'attention des gens d'esprit. De l'esprit, ma voisine n'en manque guère. Comment en douter à voir ses yeux pétillants d'intelligence — des yeux auxquels rien n'échappe, et qui ne perdent rien de leur beauté à force de vertueux usages ? C'est une autorité reconnue à des *miles* à la ronde en matière de fabrication de saucisses, d'élevage des veaux ou d'abattage des porcs. Et malgré ses innombrables occupations, et ses longues absences, ses enfants sont des modèles de grande santé et de bonne tenue, de parfaits petits Allemands, avec leurs nattes, leurs yeux intrépides et leurs mollets musclés. Qui oserait prétendre qu'une telle vie est sordide, terne et indigne d'une belle intelligence ? J'affirme qu'à mes yeux c'est au contraire une vie magnifique, pleine d'activités, qui ne fait aucune place à ces moments de dépression et d'ennui, d'incertitude du lendemain, qui laissent des rides si profondes autour des yeux d'une femme. Pourtant, malgré toute l'admiration que j'éprouve pour ma voisine, je ne crois pas que je suive jamais son exemple. Il me faudrait pour cela une énergie et une capacité d'organisation qui me font totalement défaut, moi dont le plus grand plaisir est de prendre un volume de poésie et de m'installer au milieu des boutons d'or. Alors, assise sur une malle d'osier, près d'un petit ruisseau, il me semble que rien n'existe plus au monde que le vert des prairies, la paix des étangs, et le bruit du vent à travers les champs. Je serais bien malheureuse d'avoir à affronter des oreilles hostiles au point qu'il me faille les frotter.

Parfois des visiteurs viennent de fort loin

rompre ma solitude, mais seulement pour me faire mieux comprendre à quel point les êtres humains vivent absolument seuls, et très loin de ceux qui leur devraient être proches. En les entendant parler (généralement de bébés, passés, présents ou à venir), je me prends à songer à l'espace infini qui sépare notre âme de celle de nos voisins de table. En écrivant cela je pense à ces visiteurs que l'extravagance des horaires de train oblige à demeurer quelque temps chez vous, et en présence de qui, après avoir cherché à la désespérée le moindre intérêt commun, on rentre précipitamment dans sa coquille en s'apercevant qu'il n'en existe aucun. C'est alors que je sens peu à peu un grand froid s'emparer de moi. Chaque instant qui passe accroît ma stupeur et mon mutisme. Les bébés, sentant l'atmosphère se glacer, prennent l'air absent, et les visiteurs se demandent chaque fois à qui ils ressemblent le plus. Presque immanquablement ils décident que mon joli bébé de mai est le portrait de son père tout craché, et que les deux autres, plus ordinaires, sont bien à mon image. Ce verdict attendu et cent fois répété ne manque jamais de me désespérer comme au premier jour. Les bébés sont trop petits, trop inoffensifs et trop bons pour servir de simples commodités à la conversation, et voir leurs traits disséqués par le menu, leurs faiblesses relevées et critiquées, tandis qu'ils sourient timidement à celui qui les dévisage, leur sourire même entraînant de nouveaux commentaires sur la forme de leur bouche. Je dois cependant reconnaître que cela n'arrive pas très souvent, et que c'est un des rares intérêts que nous puissions partager, puisque tout le monde semble avoir des enfants. Un jardin, à l'inverse, est un exécrable sujet de conversation. J'ai découvert avec stupéfaction que bien peu de gens aiment vraiment les leurs – ils prétendent toujours en être entichés, mais leur voix mal assurée trahit la tiédeur de leur sentiment. En juin, l'abondance des fraises et des roses de juin le ravive, mais à la réflexion je ne connais personne à vingt *miles* à la ronde qui ait vraiment le souci de son jardin, ou ait découvert les trésors de bonheur qui y sont enfouis et ne se révèlent qu'à celui qui les recherche avec constance, sans ménager son tourment ni sa peine.

Ces visites me font éprouver les rares moments de dépression dont j'ai jamais souffert, et je m'en veux chaque fois d'avoir laissé gâcher une seule heure de ma vie par un événement qui devrait me toucher si peu. Quand vous êtes bien nourri, bien vêtu, bien chauffé, et que rien ne vous manque de ce que vous pouvez raisonnablement désirer dans la vie, des désagréments de nature spirituelle vous mettent parfois mal à l'aise, et peuvent vous rendre malheureux. C'en est un, par exemple, de se sentir incapable de communier avec l'âme de son voisin – absurde souci, sans doute, car rien ne prouve qu'il en possède une.

Les roquettes sont toutes sorties maintenant. Le jardinier, soudain pris d'inspiration, a eu l'idée de les planter juste devant les deux plates-bandes. Je me demande ce qu'il en pense à présent que leurs fleurs forment un rideau qui dissimule complètement les autres plantes ... Mais au moins aurai-je appris une bonne leçon, et jamais plus jardinier ne sera autorisé à traiter mes roquettes avec une telle désinvolture. Les charmantes créatures ! Leur couleur est aussi délicate que leur parfum est entêtant — un seul bol, sur mon bureau, suffit à remplir ma chambre de mille senteurs. Mais ces alignements ne sont vraiment pas heureux, alors qu'au milieu de l'herbe resplendissent les centaines de roquettes que j'y ai fait planter. Une plate-bande composée seulement de roquettes mauves et blanches serait sûrement magnifique, mais je ne sais combien de temps elles durent, ni à quoi elles ressemblent après la floraison. Patience, je ne manquerai sans doute pas de l'apprendre dans une semaine ou deux. Jardinier débutant fut-il jamais à ce point abandonné à ses propres tâtonnements ? Ce jardin gagnerait au moins deux ans de vie si je pouvais m'instruire autrement que par mes seules erreurs, et si une créature charitable m'apprenait ce que je dois faire. Aujourd'hui il n'existe dans ce jardin aucune autre fleur que les roquettes, les pensées dans les parterres de roses, et deux types d'azalées — des *mollis* et des *pontica*. Les azalées ont été magnifiques, et le sont encore. Je les ai plantées ce printemps, et elles ont commencé presque aussitôt à fleurir, au point que le coin de jardin où elles se trouvent semble plein de couchers de soleil emprisonnés là pour l'éternité. Qu'elles soient orange, citron, ou de toutes les nuances de rose, je peux imaginer ce qu'elles deviendront dans les années qui viennent, lorsque les massifs seront plus touffus, rien qu'à les regarder aujourd'hui. Quand les jours sont gris et mornes, leur effet est extraordinaire. L'automne prochain j'en planterai tout un talus devant une rangée de tristes sapins. Mes roses thé sont couvertes de boutons qui n'écloront pas avant une semaine au moins, ce qui me fait penser que le climat ne leur permettra pas de fleurir de juin à novembre, ainsi que les livres nous apprennent qu'elles devraient le faire.

11 juillet. — Il n'a pas plu depuis la veille de la Pentecôte, il y a cinq semaines. Voilà sans doute pourquoi mes plates-bandes ont si mal réussi. Pour comble de malheur le jardinier mélancolique est devenu fou furieux peu après la Pentecôte et nous avons dû l'envoyer dans un asile. Il avait pris l'habitude de déambuler avec une bêche dans une main et un revolver dans l'autre, pour sa sécurité disait-il. Nous avons supporté cette singularité avec la patience qui convient à des êtres civilisés, donc respectueux des préjugés d'autrui, jusqu'au jour où je lui demandai très délicatement de redresser une plante grimpante — depuis qu'il avait acheté le revolver, je ne lui parlais plus que sur le ton le plus caressant, et avais complètement cessé de lui faire la lecture. Me regardant droit dans les yeux, pour la première fois depuis qu'il était à mon service, il me demanda : « à qui est-ce que je ressemble le plus, au comte X... (une gloire locale), ou à un singe ? » Après cela il ne nous restait plus qu'à l'expédier sans délai à l'asile le plus proche. Impossible de trouver sur place un autre jardinier — je viens seulement de le faire, si bien que la vague de chaleur, l'absence de jardinier et ma propre maladresse se sont conjuguées pour réduire le jardin à sa triste condition d'aujourd'hui. Ce n'en est pas moins l'endroit le plus merveilleux du monde, et mes bévues elles-mêmes me poussent à persévérer.

Les longues plates-bandes où se trouvent les roquettes sont tout simplement affreuses. Les roquettes, qui ont fini de fleurir, ressemblent maintenant à des manches à balai, et rien ne fleurira dans ces plates-bandes pendant l'été. Les coquelicots géants que j'y ai plantés en avril sont morts ou ne se sont pas développés, pas plus que les ancolies. On n'aperçoit, de place en place, que quelques chétifs pieds-d'alouette. J'imagine que les coquelicots ont mal supporté la transplantation, ou bien n'ont pas été assez arrosés. Quoi qu'il en soit, dès demain j'en ferai semer de nouveau dans ces plates-bandes. Car je suis déterminée à les avoir, ces coquelicots, que cela plaise ou non ! Je ne laisserai personne y toucher, sinon pour les éclaircir.

Mais à quoi bon désespérer ? Il me suffit de m'asseoir sous les arbres, de contempler le ciel pommelé ou les champs de blé luisant à l'infini sous le soleil pour oublier toutes mes déceptions. Comment se sentir triste, malheureux, quand tout autour de moi rayonne de bienveillance ?

Aujourd'hui, c'est dimanche, et le jardin est si tranquille qu'à contempler, cet après-midi, les ombres qui s'allongent paresseusement sur l'herbe, à entendre les corneilles se quereller au sommet des arbres, je m'attends presque à entendre les cloches d'une église d'Angleterre appeler au culte, alors que le temple est à plus de trois miles et qu'il n'y a pas de culte l'après-midi. Une fois tous les quinze jours nous assistons, à onze heures, à l'office du matin. Nous prenons place dans une sorte de loge réservée à notre seul usage – et pourvue d'une petite pièce où nous pouvons nous retirer discrètement lorsque le sermon est trop long, ou notre chair trop faible –, où nous écoutons le pasteur tout de noir vêtu prier à notre intention. En hiver, le temple est terriblement froid. Le manque de chauffage nous oblige à nous couvrir de plus de fourrures encore que nous le ferions à l'extérieur. Comme il serait, bien sûr, hautement inconvenant que le pasteur porte des fourrures, quelle que soit la rigueur du climat, il accumule sous sa robe vêtement sur vêtement, ce qui, au fur et à mesure que l'hiver avance, lui fait prendre des proportions prodigieuses. À l'inverse, la diminution progressive de son tour de taille annonce immanquablement la venue du printemps. L'assemblée reste confortablement assise pendant que le pasteur prie pour elle, et lorsque commencent les interminables chorals l'officiant se retire dans une petite niche de bois juste assez grande pour lui. Il y reste tapi jusqu'au moment où il estime que nous avons assez chanté. Nous n'osons pas nous arrêter avant que son apparition ne nous en donne le signal, si bien que j'ai souvent imaginé qu'il pourrait se trouver mal et nous abandonner à nos chants. Je suis sûre que nous n'oserions jamais nous arrêter sans y être autorisés par l'Église. Un jour je lui ai demandé ce qu'il faisait tout seul dans sa niche. Devant une question aussi profane il m'a répondu de façon on ne peut plus évasive.

Si je n'avais mon jardin, les dimanches allemands me paraîtraient beaucoup plus redoutables. Grâce à lui, ce sont au contraire des jours de profonde paix que nul ne vient troubler par des bruits de rateau ou de balai : rien que mes chères fleurs et le murmure des arbres.

Ces derniers temps j'ai de nouveau été accablée de visites – et je ne veux pas parler de ces visites protocolaires qui se peuvent expédier à force de thé et de déclarations péremptoires aussitôt regrettées, mais du séjour d'hôtes qu'il n'est nullement question d'expédier. Tout le mois de juin en a été gâché, lui qui a été d'un bout à l'autre si beau et si chaud. Comment prendre plaisir à se trouver dans un jardin où l'on risque à tout moment de croiser des gens avec qui on vient de prendre le petit déjeuner, et que l'on reverra immanquablement au déjeuner et au dîner? Qui plus est, les fâcheux ont un art tout particulier pour identifier mes sièges préférés et s'y installer précisément au moment où je voudrais le faire. Ils abandonnent toute la nuit, face contre terre, les livres qu'ils ont empruntés à la bibliothèque — le matin les pauvres sont tout trempés de rosée (ce nectar pour les roses, ce poison pour les livres) —, et ne manquent pas de me faire comprendre que le jardin aurait été terminé depuis bien longtemps s'ils en avaient eu le soin — alors que je suis persuadée qu'un jardin n'est jamais terminé. Dieu merci, ils sont presque tous partis maintenant, ce qui me laisse un instant de répit en attendant l'arrivée des autres. L'endroit a le don d'intriguer, semble-t-il. Il doit y avoir quelque excitation à séjourner si à l'écart du monde, car mes visiteurs semblent s'émerveiller à chaque instant du simple fait de se trouver ici.

Irais est la seule qui soit restée. C'est une jeune femme au beau visage raffiné, dont les yeux et les sourcils, droits et fins, sont particulièrement adorables. Aux repas, elle trempe son petit pain dans la salière, en croque un bout et répète l'opération à l'infini, alors que la Providence (en moi incarnée) a disposé tout le long de la table de commodes petites cuillers à sel. Aujourd'hui, elle a déjeuné de bière, de *Schweinekoteletten* et d'une salade de chou aux graines de cumin. Par la fenêtre ouverte je l'entends improviser de touchantes mélodies de sa jolie voix flûtée. Malgré son régime alimentaire, elle réussit le prodige d'être mince, fragile, intelligente, adorable même. Où trouver preuve plus manifeste de la supériorité de la race teutonique que dans cette faculté unique de produire une telle musique après des repas aussi plantureux ? La salade de chou est une monstrueuse invention, mais je ne saurais mettre en doute ses vertus de stimulant de l'esprit. Aussi, de même que je nourris mes roses d'engrais, j'en gave Irais jour après jour afin de la faire chanter. C'est la chanteuse la plus délicieuse que j'aie jamais entendue. En outre, elle a le don d'improvisation. Quand elle commence à chanter je me penche à la fenêtre et contemple mes petites amies dans leurs plates-bandes. En l'écoutant je me sens peu à peu envahie par la tristesse et la nostalgie. Il est si doux d'être triste sans raison.

Le bébé d'avril est venu me rejoindre, le souffle court, les joues en feu, bientôt suivi des deux autres, pour me faire admirer trois chatons nouveau-nés, encore maigrelets et aveugles, qu'elles portaient dans un tablier. Elles les avaient trouvés dans la cabane à outils.

« Regarde ! s'est écrié le bébé d'avril, c'est joli ça... »

Les chatons l'occupaient entièrement, ce qui m'a fort soulagée car plus tôt dans l'après-midi elle était venue « exprès » s'asseoir dans l'herbe à mes pieds afin de m'interroger à propos de *lieber Gott* puisqu'aussi bien nous étions dimanche et que sa très pieuse petite gouvernante l'entretient volontiers du ciel et des anges.

Mieux vaut ne pas s'appesantir sur les questions qui touchaient à la nature exacte de *lieber Gott*. Heureusement, elle est vite revenue à nos chers anges.

« Qu'est-ce qu'ils ont comme habits ? a-t-elle demandé en son babil anglo-allemand.

– Eh bien, tu les a vus sur les images, ai-je répondu. Ils portent de longues robes, très belles, et de grandes ailes blanches.

– Des plumes ?

– Je pense que oui – et de longues robes toutes blanches et très très belles.

– C'est des filles alors ?

– Des filles ? Oui ... enfin oui.

– Les garçons, y vont pas au *Himmel* ?

– Si, quand ils sont gentils.

– Ils ont quoi comme habits ?

– Eh bien, les mêmes que les autres anges sans doute.

– Des rrrobes ? »

Et elle s'est mise à rire en me regardant de côté, comme si j'avais raconté une histoire bien amusante. « Qu'elle est drôle ma maman ! », s'est-elle écriée toute en joie. Son petit rire de gorge est très communicatif.

« Je crois que tu devrais aller jouer avec les autres bébés », ai-je sententieusement déclaré.

Sans me répondre, elle est restée un bon moment à regarder les nuages. Je me suis remise à écrire.

« Maman !

— Oui.

— Qui c'est qui leur donne ... aux anges leurs rrrobes ? »

J'ai hésité un instant.

« *Lieber Gott* !

— Il y a des boutiques au *Himmel* ?

— Des boutiques ? Non.

— Alors où est-ce qu'il achète les rrrobes, *lieber Gott* ?

— Va-t-en comme un bon petit bébé que tu es, tu vois que je suis occupée ...

— Mais hier tu m'as dit que tu me parlerais de *lieber Gott* dimanche, et on est dimanche ! Raconte moi une histoire sur Lui ! »

Il ne me restait plus qu'à obéir. J'ai reposé mon crayon avec un grand soupir :

« Appelle les autres. »

Elle est partie comme une flèche, et elles ont débouché des fourrés l'une après l'autre, essayant de grimper toutes à la fois sur mes genoux. C'est le bébé d'avril qui l'a emporté, comme toujours, et les deux autres ont dû s'asseoir sur l'herbe.

J'ai commencé par l'histoire d'Adam et Ève, avec le souci de prévenir de futures enquêtes du pasteur. Les yeux du bébé d'avril s'écarquillaient, et elle devenait plus rouge à chaque épisode. L'intérêt passionné qu'elle a pris à mon récit m'a stupéfiée – les deux autres émiettaient des mottes de terre et écoutaient distraitement. À peine en étais-je arrivée aux anges et à l'épée de feu qu'elle a éclaté :

« Maintenant c'est moi qui vais raconter. Il était une fois Adam et Ève, et ils avaient tout plein d'habits et il n'y avait pas de serpent et *lieber Gott* n'était pas fâché contre eux et ils pouvaient manger des tas de pommes et ils ont été heureux tout le temps ... et voilà ! »

Comme un petit cabri, elle s'est mise à sauter sur mon genou.

« Mais ça ne s'est pas du tout passé comme ça ! ai-je répondu, ne sachant plus à quel saint me vouer.

– Si, si ! Elle est bien plus jolie ! Allez, raconte encore !

– Ces histoires, mes enfants, sont vraies ! ai-je dit de mon air le plus sévère. Ce n'est pas la peine que je vous les raconte si vous les arrangez à votre façon.

– Une autre ! Une autre ! » a-t-elle continué à scander en bondissant avec une énergie redoublée, ses boucles cendrées flottant au vent.

Je me suis donc lancée dans l'histoire de Noé et du Déluge.

« Il a plu tant que ça ? a-t-elle demandé, le visage soudain empreint de gravité.

– Oui, tous les jours et toutes les nuits pendant des semaines et des semaines.

– Et tout le monde était mouillé ?

— C'eſt ça ...

— Et pourquoi ils n'ouvraient pas leurs parrapluies ? »

C'eſt alors que j'ai aperçu la gouvernante qui se dirigeait vers nous avec le plateau du thé.

« Je vous raconterai le reſte une autre fois, ai-je annoncé, très soulagée, en la faisant descendre de mon genou. Allez voir Anna maintenant, elle vous servira votre thé.

— Anna, moi, je ne l'aime pas, a déclaré le bébé de juin qui jusqu'alors n'avait pas desserré les lèvres. Elle eſt bête ! »

Les deux autres fillettes ont été comme pétrifiées en entendant cela, car, sans même faire intervenir leur grande politesse naturelle, elles ont été élevées dans l'amour et le respect de leur petite gouvernante.

Le bébé d'avril a été la première à retrouver ses esprits. Le doigt pointé vers le criminel, elle a décrété de l'air du juge le plus sententieux que « jamais cet enfant ne monterait au *Himmel* ».

15 septembre. — Voici venu le temps des journées calmes, du lierre rougeoyant et des mûres gorgées de jus ; des douces après-midis passées dans le jardin en pleine floraison ; du thé pris sous les acacias et non plus à l'ombre des grands hêtres ; des feux de bois dans la bibliothèque, les soirs de fraîcheur. L'après-midi, les bébés sortent cueillir des mûres le long des haies ; les trois chatons, gros et gras maintenant, procèdent à leur grande toilette sur les marches ensoleillées de la véranda ; l'Homme de Colère tire des perdreaux, là-bas derrière les chaumes ; l'été paraît un rêve sans fin. Comment croire que dans trois mois il neigera et que nous aurons froid ? Quelque chose, en ce mois, me fait songer à mars ou aux premiers jours d'avril, lorsque le printemps hésite encore à se déclarer et que le jardin paraît retenir son souffle. On sent la même douceur dans l'air, et le ciel et l'herbe sont tout pareils ; seule la couleur du feuillage nous fait sentir le passage des saisons, et sur la maison le lierre vit ses dernières heures flamboyantes.

Dans l'ensemble, mes roses se sont comportées exactement comme je l'espérais. Les « Vicomtesse Folkestone » et les « Laurette Messimy » ont même été éblouissantes. Dans tout le jardin il n'est rien de plus délicat que ces dernières, avec leurs pétales rose corail emmêlés qui s'éclaircissent vers la base jusqu'au jaune pâle. J'ai commandé une centaine de roses-thé de taille normale, dont la moitié de « Vicomtesse Folkestone », dans l'intention de les planter le mois prochain. Les roses-thé ont une telle façon de pencher de côté leurs mignonnes petites têtes que, dans la variété naine, il faut se mettre à genoux pour les voir — entendez moi bien, je ne refuse nullement de m'agenouiller devant pareille beauté, mais je dois reconnaître que cela salit les vêtements. Aussi vais-je en planter de taille normale de chaque côté de l'allée qui longe les fenêtres du midi, ce qui me permettra de leur faire mes dévotions de façon moins extravagante. Je crains seulement qu'elles ne passent moins bien l'hiver que la variété naine. Comme je le pensais, j'avais eu tort de planter des « Jaune Perse » et des « Bicolores » parmi les roses-thé ; elles ne fleurissent que deux fois pendant la saison, et le reste du temps ont l'air bien triste et lamentable ; puis les « Jaune Perse » ont un parfum étrange et abritent des quantités d'insectes qui les dévorent. Pour les remplacer j'ai commandé des roses-thé « Safran » qui fleuriront le mois prochain au milieu de la pelouse ; le parterre en demi-cercle, qui se trouve juste sous les fenêtres, sera réservé pour mes plus précieux trésors. J'ai connu bien des déceptions, mais aussi appris quelques bonnes leçons. L'humilité et la persévérance la plus obstinée semblent aussi nécessaires à un bon jardinier que le soleil et la pluie, et chaque échec doit être mis à profit pour se corriger.

La semaine dernière j'ai reçu un visiteur qui, pour l'avoir beaucoup pratiqué, connaît à la perfection l'art des jardins. Lorsque j'ai appris qu'il venait, ma première réaction a été de prendre mon cher jardin dans mes bras pour le dissimuler à sa vue. Quelle n'a pas été ma surprise lorsqu'après l'avoir examiné sous toutes les coutures il a fini par déclarer : « Mon Dieu, mais vous avez fait des merveilles... ! » Rien n'aurait pu me faire plus de plaisir. Je ne m'y attendais nullement, après les remarques aigres-douces que j'avais entendues tout l'été. J'aurais embrassé ce critique aussi clairvoyant qu'indulgent, qui savait comprendre mes intentions et les difficultés que j'avais rencontrées. Après une pareille entrée en matière je lui ai ouvert mon cœur, et j'ai religieusement écouté tous ses conseils bienveillants. Si seulement il pouvait rester l'année entière ! Mais il s'en est allé, comme font tous ceux que nous aimons, et c'est bien le seul de nos invités dont j'ai regretté le départ.

Les gens que j'aime sont toujours loin de moi, et dans l'impossibilité de venir me trouver, alors que je peux à tout instant remplir la maison d'hôtes dont je ne me soucie pas le moins du monde. Peut-être, si je les voyais plus souvent, aimerais-je moins ces amis absents — du moins est-ce ce que je pense lorsque le vent hurle autour de la maison et que la nature paraît submergée de chagrin. Il m'est d'ailleurs arrivé quelquefois de souhaiter ne pas revoir de dix ans des amis pourtant très proches. Sans doute n'est-il pas d'amitié si forte qu'elle puisse résister à l'épreuve du petit déjeuner auquel, à la campagne, chacun se sent obligé de paraître. Le progrès de la Civilisation nous a débarrassé des papillottes, mais l'âme de la *Hausfrau* est ici aussi étroitement empapillottée que l'était la chevelure de sa grand-mère. Mon corps m'y conduit mécaniquement, ayant été bien dressé par des parents attentifs, mais mon âme ne commence à s'ouvrir au monde que vers l'heure du déjeuner, et ne s'épanouit jamais vraiment avant d'avoir été exposée aux premiers rayons du soleil. Qui se sent vraiment capable d'échanger des amabilités dès le matin ? C'est le moment où se déchaînent les instincts les plus sauvages, le triomphe des Fâcheux et des Importuns. Les Muses et les Grâces, j'en suis convaincue, ne prennent jamais leur petit déjeuner qu'au lit.

10 novembre. — La nuit dernière la température est descendue jusqu'à dix degrés (Fahrenheit). Dès l'aube je suis sortie voir ce qu'il était advenu de mes roses-thé. À ma grande surprise elles étaient très éveillées, et fort gaies ma foi — malgré le givre qui les recouvraient, elles n'étaient ni noircies ni flétries. Même celles qui se trouvent dans les jardinières de chaque côté de l'escalier de la véranda éclatent de vie et de bourgeons. L'une en particulier, un « Bouquet d'Or », bourgeonne tant, qu'à coup sûr elle fleurirait au moindre encouragement. Je commence à penser qu'on a beaucoup exagéré la délicatesse des roses-thé, et je ne regrette pas d'avoir eu l'audace de les acclimater dans ce jardin du Nord. Mais il ne faut pas tenter le sort, et j'ai demandé que les jardinières soient rentrées dans la serre pour l'hiver. Peut-être le « Bouquet d'Or » laissera-t-il éclater quelques bourgeons pour peu qu'on l'installe dans un endroit bien ensoleillé. Notre serre, en réalité, n'est qu'un refuge qui protège à peine du gel et où je rassemble les plantes qui ne supporteraient pas de passer l'hiver dehors. Je n'y fais rien pousser car je n'aime pas les plantes qui ne supportent la vie au grand air que trois ou quatre mois par an et exigent qu'ont les cajole et dorlotte tout le reste de l'année. Donnez-moi un jardin plein de force et de santé, capable d'affronter le froid et l'adversité sans fléchir ! Une constitution faible m'a toujours paru priver de toute séduction plantes et femmes. Je ne doute pas qu'on ne puisse obtenir de fort belles fleurs à force de chaleur et de cajoleries, mais pour chacune de ces délicates il en existe cinquante autres, plus belles encore, qui ne demandent qu'à pousser au bon air du Bon Dieu et dont les parfums et les couleurs ont une incomparable intensité.

Nous avons été fort occupés jusqu'à présent par la préparation des parterres et la plantation des nouvelles roses-thé. J'attends l'été avec plus d'impatience que jamais, en dépit de mes échecs passés. Si seulement l'année pouvait passer bien vite pour que je puisse contempler mon jardin dans toute sa perfection ! Les « Jaune Perse » ont pris leurs quartiers d'hiver et ont été remplacées par des « Safran ». Tous les parterres de roses foisonnent de ces pensées que nous avons plantées en juillet et transplantées en octobre. Chaque parterre a sa couleur. Les violettes sont les plus délicieuses – elles s'accordent si bien avec toutes les roses –, mais j'en ai des blanches avec les « Laurette Messimy », des jaunes avec les « Safran », et des rouges en plein milieu d'un parterre de roses rouges. Autour du demi-cercle, au sud de la petite haie de troènes, deux rangées de pieds-d'alouette ont été plantées, et sur le gazon, juste derrière, on trouve encore des roses-thé. En face de la maison, les longues bordures ont été remplies de pieds-d'alouette, annuels et pérennes, d'ancolies, de coquelicots géants, d'œillets, de lys blancs, de giroflées, de roses trémières, de phlox pérennes, de pivoines, de lavande, de bleuets, de *Lychnis Chalcedonica*, et de bulbes serrés partout où ils peuvent se loger. Les jardinières de printemps, pour l'escalier de la véranda, ont été remplies de tulipes roses, blanches et jaunes. J'ai une passion pour les tulipes, plus que pour aucune autre fleur de printemps ; gaies, robustes, gracieuses, elles semblent de jeunes filles sortant du bain à côté des jacinthes, ces femmes aux formes opulentes dont chaque mouvement sature l'air de patchouli. Leur parfum, délicat et léger, est un comble de raffinement. Existe-t-il au monde rien de plus charmant que l'ardeur avec laquelle elles tendent leurs petits visages vers le soleil ? On les a taxées de prétention, et de vanité, alors que pour moi elles sont toute grâce et modestie, et ne sont coupables que de vouloir jouir de la vie sans craindre de regarder le soleil en face. Au milieu du gazon on en trouve deux massifs piquetés de myosotis, et, parsemés dans l'herbe, des touffes de jonquilles et de narcisses. Le long des allées ombragées les digitales et les molènes ne manqueront pas de majesté, du moins je l'espère. À l'abri d'un bouquet de sapins fleuriront des lys blancs, des digitales et des ancolies. Dans une clairière j'ai installé un jardin de printemps autour d'un chêne solitaire – des groupes de crocus, de jonquilles, de narcisses, de jacinthes et de tulipes au milieu d'arbustes florissants tels que le *Pirus Malus spectabilis*, *floribunda* ou *coronaria*, le *Prunus Juliana*, *Mahaleb*, *serotina*, *triloba*, et *Pissardi*, des *Cydonia* et des *Weigelia* de toutes les couleurs, enfin plusieurs espèces de *Crataegus* et autres beautés de mai. Si le temps se comporte bien, c'est à dire si nous recevons les pluies bénéfiques au bon moment, je suis sûre que l'endroit sera splendide – mais comment en jurer ? La sécheresse est notre grande ennemie, et durant les deux derniers étés nous avons subi cinq semaines de chaleur écrasante, sans un nuage au ciel. Tous les fossés étaient à sec, et la terre avait l'allure d'une pâte à tarte. En des moments pareils il faudrait bien plus de deux hommes rien que pour assurer l'arrosage, mais je suis si persuadée qu'un jardin est un lieu fait pour le bonheur seulement, et non pour rencontrer à chaque tournant douze paires d'yeux inquisiteurs, que je répugne à engager d'autres jardiniers que mes deux assistants – à vrai dire je n'en ai qu'un et demi car l'un d'entre eux, atteint du syndrome de la cigogne, regagne à chaque automne sa Russie natale et ne revient ici qu'aux premiers souffles chauds du printemps. Je voudrais qu'il passe l'hiver ici – il y a tant à faire ! –, et je l'ai entrepris sur ce chapitre. C'est à n'en pas douter la plus hideuse créature qui se puisse imaginer. Il boite et souffre d'une horrible maladie des yeux. Mais c'est un excellent ouvrier qui, entre l'aube et le crépuscule, abat sans rechigner un ouvrage considérable.

« Allons, ma chère cigogne, ai-je déclaré, ou quelque phrase allemande du même genre, pourquoi ne demeurez-vous pas tout bonnement ici au lieu de rentrer chez vous jeter votre paie aux quatre vents ?

— Je resterais bien, mais c'est que j'ai ma femme en Russie.

— Votre femme ? »

Je n'arrivais pas à seulement imaginer que ce pauvre Quasimodo ait pu trouver une compagne — comme s'il n'y avait pas surabondance de compagnons en notre pauvre monde !

« J'ignorais que vous étiez marié.

— Si fait, et j'ai même deux petits enfants. Je ne sais ce qu'il adviendrait d'eux si je ne revenais pas à la maison. Mais le voyage est cher jusqu'en Russie. Chaque fois cela me coûte sept marks !

— Sept marks !

— Oui, c'est une grosse somme. »

Je me suis demandé si je serais capable d'aller en Russie pour sept marks, à supposer que je sois saisie de l'étrange désir de m'y rendre.

Tous les ouvriers qui travaillent ici entre mars et décembre sont russes ou polonais, ou un mélange des deux. Nous leur envoyons un homme qui parle leur langue afin d'en engager le plus grand nombre possible en début d'année, et ils arrivent tout chargés de paquets, hommes, femmes et petits enfants. À peine sont-ils arrivés et ont-ils reçu leurs gages qu'il disparaissent dans la nuit – jusqu'à cinquante à la fois –, pour se louer aux paysans qui les paient un ou deux pfennigs par jour de plus que nous et les laissent manger avec la famille. Chez nous ils reçoivent un mark et demi ou deux marks par jour et autant de pommes de terres qu'ils le souhaitent. Les femmes reçoivent une paie moindre, non qu'elles abattent moins de besogne, mais parce qu'étant femmes elles ne méritent pas, semble-t-il, d'être encouragées. Le contremaître habite avec eux. Il tient dans sa poche un revolver chargé et se fait toujours accompagner d'un chien féroce. Pendant une semaine ou deux après qu'ils soient arrivés, les gardes forestiers montent la garde près de leurs baraquements. Mais cette garde ne doit pas être bien sévère car il s'en échappe chaque fois une bonne cinquantaine, en dépit de toutes les précautions prises, et il ne nous reste que nos yeux pour pleurer. Ce printemps ils sont arrivés sans leur paquetage, par suite de quelque méprise, et comme ils revêtent leurs plus beaux habits pour voyager ils ont catégoriquement refusé de travailler avant que leurs bagages soient arrivés. Presque une semaine a été perdue ainsi, au grand dam des autorités.

Impossible également de les faire travailler un jour de fête, et jamais église n'a été aussi pleine que notre église russe. Au printemps, lorsque chaque heure compte, le travail est constamment interrompu par la fête d'un saint ou d'un autre, et les ouvriers se prélassent au soleil du matin au soir, heureux de savoir que leur oisiveté est agréable au Seigneur – un état de perfection aussi rare que désirable. La Raison raisonnante se rebelle bien sûr devant ces pertes de temps, et je dois reconnaître que durant ces premiers jours de douceur après le long gel de l'hiver, lorsqu'il est enfin possible de recommencer à travailler la terre, il m'est arrivé de partager le courroux de l'Homme de Colère découvrant que deux ou trois jours par semaine seraient perdus, et d'écouter en silence ses remarques dépourvues d'aménité sur les lointains saints russes.

Sans doute mon vernis de civilisation m'a-t-il fait d'abord prendre ces gens en pitié lorsque je suis arrivée parmi eux. Ils se serrent les uns contre les autres comme un troupeau de bêtes sauvages, et font vraiment un travail de bêtes. Et pourtant, en dépit du contremaître, de la saleté, des haillons, des repas de pommes de terre arrosés de vinaigre et d'eau, je commence à me demander s'ils ne refuseraient pas énergiquement l'usage du savon. Je suis sûre qu'ils n'accepteraient pas de porter des vêtements neufs, et je les entends qui rentrent du travail en chantant. Comme les petits enfants, ou les animaux, ils n'ont aucune idée de l'avenir. Et après tout, lorsqu'on travaille tout le jour au soleil du Bon Dieu et qu'on arrive au soir recru de bonne fatigue, on n'est guère enclin à se plaindre de son sort. Je n'arrive quand même pas à me persuader que le sort des femmes soit enviable. Elles doivent travailler autant que les hommes pour une moindre paie, et sont obligées de mettre leurs enfants au monde sans tenir aucun compte de la saison, du moment, ou des circonstances. Qui plus est, elles doivent le faire le plus discrètement possible afin de ne pas interrompre le travail. Personne ne les aide, ne les remarque ni ne se soucie d'elles – pas leurs maris en tout cas. Rien n'est plus courant que de les voir travailler aux champs le matin, avoir un bébé à midi et revenir travailler l'après-midi. L'enfant est confié à une vieille femme qui s'occupe des bébés de toute la communauté. Lorsque j'ai exprimé mon horreur en apprenant que ces pauvres créatures reprenaient leur travail comme si rien ne s'était passé, l'Homme de Colère m'a expliqué qu'elles ne souffraient nullement car elles ignoraient l'usage du corset, comme leurs mères et leurs grands-mères d'ailleurs. Nous chevauchions côte à côte et venions de dépasser un groupe d'ouvriers lorsqu'une femme est arrivée et s'est mise à bêcher. Elle a grimacé un sourire en esquissant une révérence, et le contremaître avec qui mon mari s'entretenait nous a appris qu'elle venait d'accoucher.

« La malheureuse ! me suis-je écriée, très irritée contre l'Homme de Colère. Et son mari s'en moque évidemment. Peut-être même la battra-t-il ce soir si son dîner n'est pas prêt. Quelle folie de parler d'égalité des sexes alors que ce sont les femmes qui font les enfants !

— Rien de plus vrai, ma chère, a répondu l'Homme de Colère avec un bon sourire. Vous avez touché le fond du problème. La Nature, en imposant aux femmes cet agréable devoir, a choisi de leur enlever la force qui leur aurait permis de lutter à égalité avec les hommes. Comment une femme qui perd régulièrement une année pendant la plus belle partie de sa vie pourrait-elle rivaliser avec un jeune homme pressé ? C'est lui qui dispose de la force brute, et il peut clore n'importe quelle discussion rien qu'en levant la main. »

Je n'ai rien dit. C'était une après-midi grise de début novembre, et les feuilles autour de nous tombaient en silence tandis que nous approchions du *Hirschwald*.

« C'est une habitude très généralement répandue parmi ces Russes, et à vrai dire parmi les basses classes du monde entier, que de réduire au silence les femmes trop raisonneuses au moyen de quelques soufflets bien appliqués. La simplicité de la méthode suffirait à la recommander, mais je me suis aussi laissé dire que ces rudes façons, loin de produire les effets délétères que nous décrivent complaisamment les âmes tendres, réussissent à apaiser les malheureuses plus rapidement et complètement que pourraient jamais le faire des procédés plus civilisés.

— Croyez-vous, ajouta-t-il en cinglant de sa cravache une branche basse, que les maris qui poursuivent avec leurs épouses instruites des raisonnements infinis parviennent mieux à leurs fins ?

Tandis qu'ils s'épuisent en efforts parfaitement inutiles – car il ferait beau voir qu'une femme accepte jamais de reconnaître son erreur –, leurs frères en haillons ont résolu la question en moins de temps qu'il n'en faut pour le dire. Il ne fait aucun doute que ces pauvres créatures mènent une vie beaucoup plus conforme à leur vocation que ne le font les femmes de notre classe, et puisque le secret du bonheur consiste à découvrir sa vocation le plus tôt possible afin d'y conformer ses actions, je les crois plus dignes d'envie que de pitié. N'apprennent-elles pas dès leur plus jeune âge l'inutilité du combat contre les maris, la vanité des aspirations féminines, et le bonheur de la résignation.

– Continuez, je vous prie, ai-je poliment répondu.

– Ces femmes acceptent de se faire battre avec une simplicité digne des plus grands éloges. Loin de se sentir insultées, elles admirent la force et l'énergie d'hommes capables de leur administrer des corrections aussi sonores. En Russie, les maris ne sont pas seulement autorisés à battre leurs femmes, ils ont appris dès le catéchisme – et on le leur a rappelé lors de la confirmation –, qu'il est nécessaire de les battre au moins une fois la semaine si l'on est vraiment soucieux de leur santé et de leur bien-être. »

Il m'a semblé que l'Homme de Colère mettait quelque complaisance à l'évocation de ces châtiments.

« Allons, mon cher époux, ai-je dit en levant ma cravache, regardez cette jeune lune qui point si innocemment au-dessus du brouillard, derrière ce bouleau argenté, et cessez de tant parler des femmes. Elles font partie des sujets que vous connaissez encore mal. Que vous importent d'ailleurs ces coups de poings, ces cravaches, tout ce déploiement de muscles et d'instruments redoutables inventés pour confondre les épouses récalcitrantes ? Vous savez bien que vous êtes un mari très civilisé, et en tant que tel avez depuis longtemps cessé d'être un homme !

— Et mon épouse très civilisée, a-t-il demandé en amenant son cheval près de moi et en me prenant par la taille, a-t-elle cessé d'être une femme ?

— Bien entendu mon cher — je suis une déesse qu'on ne saurait trop adorer.

— Il me semble que notre conversation prend un tour bien agréablement personnel... »

Je suis partie au petit galop à travers la clairière tapissée de gazon moussu. Le *Hirschwald*, en de pareils moments, est un lieu enchanté. Les délicates branches des bouleaux argentées, sortant du brouillard bas qui couvre le sol, se détachaient contre le ciel où une lune minuscule contemplait avec bienveillance le monde humide de novembre. Là où la forêt s'épaississait, l'odeur de terre mouillée et de feuilles en décomposition que soulevaient les sabots des chevaux remplissait mon âme de joie. Cette odeur que j'aime tant évoque pour moi l'immense sollicitude de la Nature qui sait faire de la mort et de la décomposition — choses si effrayantes —, les instruments d'une vie et d'une gloire nouvelles.

7 décembre. — Je reviens d'Angleterre où je suis restée plus d'un mois, dont une semaine dans un brouillard à couper au couteau, jusqu'à ce qu'un coup de vent me ramène ici. Avant l'arrivée des brouillards, j'ai pu par deux fois m'échapper à la campagne, chez des amis pourvus de jardins. Malheureusement il pleuvait tant qu'à l'exception des splendides gazons (inconcevables dans notre *Vaterland*) il n'y avait rien qui pût susciter l'intérêt du touriste amateur de jardins. Comment visiter un jardin sous un parapluie ? Aussi, après quelques jours de brouillard, ai-je senti un irrésistible désir de revenir en Allemagne. Un vent violent s'est levé juste après mon départ, et la traversée a été aussi abominable que le voyage en train. On chauffe beaucoup trop les trains en Allemagne, si bien qu'il est à peu près impossible d'y rester assis. De grandes bouffées d'air chaud ne cessent de s'échapper de sous les coussins, eux mêmes fort chauds, et le malheureux voyageur est bientôt accablé de chaleur.

Mais lorsque je suis arrivée chez moi et que je suis descendue du train, l'air était si pur, si transparent, si paisible que le monde entier paraissait retenir son souffle. Il n'y avait pas un nuage au ciel, la neige luisait sur le sol et les arbres, comme mes trois fillettes, paraissaient rayonner de joie en m'attendant. Soudain j'ai oublié tous les désagréments d'un voyage dont je ne comprenais plus les raisons.

Chacun des bébés tenait dans une main un chaton et dans l'autre un joli bouquet d'aiguilles de pin et d'herbes folles. La présentation des bouquets et des chatons, qui se débattaient comme de beaux diables, a mis quelque désordre dans les retrouvailles et les embrassades. Vaille que vaille, chatons, bouquets et bébés se sont entassés sur le traîneau, et nous sommes partis au milieu du tintement des clochettes et des cris de plaisir.

« Quand tu reviens on s'amuse », a dit le bébé de mai en se pressant contre moi.

« La neige, elle ronronne ! » s'est écrié le bébé d'avril en entendant les chevaux l'écraser de leurs sabots.

Le bébé de juin chantait à tue-tête « Le Roi d'Amour est mon Berger » en balançant son chaton par la queue, pour marquer le rythme.

À moitié enfouie sous la neige, la maison offrait l'image achevée d'un havre de paix. Je m'y suis précipitée, parcourant toutes les pièces comme pour me les approprier à nouveau. Il me semblait être partie depuis une éternité. En arrivant dans la bibliothèque une émotion m'a prise – ma chère bibliothèque, que d'heures heureuses j'y ai passées, à fouiner parmi les livres, à imaginer pour mon jardin des plans mirifiques, à écrire, à rêver, à ne rien faire ! Un grand feu de tourbe flambait dans la cheminée, la vieille gouvernante avait disposé des vases remplis de fleurs un peu partout, et sur le bureau un grand bouquet de violettes qui embaumait toute la pièce. « Oh, comme c'est bon de revenir chez soi ! » ai-je murmuré dans un soupir heureux. Les bébés s'accrochaient à mes genoux, tournant vers moi des regards d'adoration. La neige et le soleil éblouissants, ces visages heureux dans la pièce inondée de lumière... j'ai pensé aux brouillards jaunes et sales d'Angleterre, et j'ai frissonné.

L'Homme de Colère ne fréquente guère la bibliothèque. Pour lui ce n'est qu'un lieu neutre où nous nous tenons chaque soir pendant une heure avant qu'il se retire dans ses appartements enfumés de l'aile sud-est. Elle a, je le crains, l'air bien trop gai pour être une bibliothèque authentique. Son joli décor jaune et blanc a quelque chose de primesautier et presque de frivole. Des rayonnages blancs couvrent les murs, il y a une grande cheminée et quatre fenêtres au midi qui donnent sur la partie de mon jardin qui m'est la plus chère, celle qui entoure le cadran solaire; si bien qu'avec toute cette couleur, ces flambées, et ce soleil qui rentre à flots, l'air y est parfaitement sain en dépit des vénérables volumes qui peuplent ses rayonnages. En fait, j'imagine que ceux-ci pourraient fort bien abandonner leurs stalles, relever leurs pages et se mettre à danser.

L'existence de cette pièce où il fait si bon vivre me fait envisager, avec une parfaite égalité d'âme l'idée, que la providence peut nous accabler de neige à tout moment. Lorsque la neige recouvre le jardin, toute promenade y prend des allures de cérémonie purificatrice. La première bouffée d'air aspirée sur le seuil eﬆ si parfaitement pure que j'en suffoque. Dans cet espace immaculé je ressens profondément ma noirceur et ma corruption ! Hier je suis reﬆée tout l'après-midi près du cadran solaire alors qu'il gelait à pierre fendre et que le thermomètre ne remontera pas avant plusieurs semaines. Mais il n'y avait pas de vent, le soleil était splendide, et j'étais si bien emmitouflée dans mes fourrures que je m'y suis fait servir le thé, à la ﬆupéfaction des domeﬆiques, et que je suis reﬆée longtemps après le coucher du soleil à jouir de l'air glacé. J'ai dû m'empresser d'avaler mon thé car il avait fâcheusement tendance à geler sur place. Lorsque le soleil a disparu les corneilles sont revenues s'inﬆaller dans leurs nids en faisant un grand vacarme et en se chamaillant à qui mieux mieux avant de gagner leurs arbres respectifs. Elles sont passées au dessus de moi par centaines, dans un froissement d'ailes impressionnant, et après qu'elles se soient confortablement inﬆallées un grand silence s'eﬆ abattu sur le jardin. La maison ressemblait à une carte de Noël avec ses toits blancs se détachant contre la pâle lumière verte venue de l'oueﬆ, et la lumière des lampes qui brûlaient derrière les fenêtres.

Je lisais une vie de Luther que m'avait prêtée notre paﬆeur lorsque je ne me contentais pas de regarder autour de moi et de me laisser aller à mon bonheur. Un jour il était venu me trouver avec son livre et il m'avait supplié de le lire après avoir découvert que mon intérêt pour Luther n'était pas aussi ardent qu'il aurait dû l'être. Aussi l'avais-je emporté avec moi au jardin, sachant d'expérience que les livres les plus moroses peuvent acquérir des grâces inconnues pourvu qu'on les lise dehors, de même qu'une tartine beurrée, qui paraîtrait insipide au salon, devient un pur nectar si on la mange sous un arbre. J'ai donc lu du Luther tout l'après-midi. Régulièrement, j'interrompais ma lecture pour me rafraîchir à la vue du jardin et du ciel, et mon cœur s'emplissait de gratitude. Les combats incessants de Luther contre les diables ne laissaient pas de m'étonner, et je me demandais s'il avait jamais connu une journée comme celle-ci, évidemment pleine de grâce et propice à la rémission des péchés. Cela l'aurait rendu indulgent, même envers les diables. Jamais il ne semble s'être laissé aller au simple bonheur de vivre. C'était un homme extraordinaire, mais je suis heureuse de n'avoir pas été sa femme.

Notre pasteur est un personnage fort digne d'intérêt, qui ne ménage aucun effort pour devenir meilleur. Sa femme et lui consacrent à l'étude leurs moindres moments de loisir, et l'on chuchote qu'elle prépare ses desserts d'une main tandis que de l'autre elle brandit une grammaire latine – c'est la grammaire, ajoute-t-on d'un air scandalisé, qui retient la meilleure part de son attention. Dîners et desserts jouent un rôle essentiel dans la vie des *Hausfrauen* allemandes, et elles mettent un point d'honneur à briquer et astiquer leurs pièces de réception pour qu'elles brillent comme des sous neufs. Je les admire de tout mon cœur, mais ne peux m'empêcher de demander très humblement s'il n'est vraiment rien au monde de plus important. Vaut-il mieux mener une vie simple et rouler des pensées sublimes, ou l'inverse ? Préparer des dîners, épousseter ses meubles, tout cela fait perdre un temps précieux, et je dois avouer que ma sympathie est toute acquise à la préparatrice de desserts grammaticaux. Il est par trop injuste de devenir l'esclave des dieux domestiques. Si, d'aventure, il prenait à mes meubles la fantaisie de se faire épousseter le jour où j'aurais quelque chose de plus intéressant à faire, je revendique hautement le droit de les précipiter tous dans le feu de joie le plus proche, de m'établir près du brasier et d'y réchauffer gaiement mes pieds glacés après avoir vendu tous mes chiffons au premier chineur venu.

Les épouses de pasteurs doivent se faire cuisinières, femmes de ménage, et lorsqu'elles ont des enfants – elles en ont toujours –, servir de gouvernantes et de bonnes d'enfants. C'est également à elles que revient le soin du verger, du potager, et de la basse-cour. Dans ces conditions, n'y a-t-il pas quelque chose de pathétique à voir une jeune femme s'efforcer bravement d'apprendre les langues étrangères pour être à la hauteur de son mari ? Si j'étais ce mari, rien ne me semblerait plus doux que ces desserts au parfum de latin ! D'une piété sévère, ils déploient tous deux d'admirables efforts pour mettre leurs actes en conformité avec leurs convictions – nous savons bien qu'il n'est au monde rien de plus difficile. Lui se dévoue sans compter pour sa paroisse, sans jamais perdre courage alors qu'à plusieurs reprises ses efforts ont été récompensés par des libelles affreux qu'on affiche au coin des rues quand on ne les jette pas sous les portes, et jusque par dessus le mur de son jardin. Les paysans d'ici sont de véritables brutes au milieu desquels ce pasteur sensible et instruit fait vraiment figure de perle jetée aux cochons. Après des années de travail acharné, et en dépit de la Foi, de l'Espérance et de la Charité, je me demande parfois s'il a le moins du monde réussi à rendre ses paroissiens meilleurs qu'ils ne l'étaient sous le ministère de son prédécesseur, un fumeur et buveur de bière invétéré qui se gardait de rien faire de ses dix doigts et prolongeait volontiers sa sieste le dimanche après-midi, pendant que ses rares fidèles l'attendaient au temple. Tout autre que lui se serait découragé en constatant que presque tous les hommes ont perdu le chemin du temple, et pourtant il continue sans se lasser à consacrer à ces ingrats la meilleure part de sa vie alors que son goût et ses inclinations le portent tout entier vers la littérature et l'étude. À toute heure du jour et de la nuit on peut le voir sortir précipitamment de chez lui pour administrer les malades ou admonester les pécheurs. Jamais on ne le laisse en repos. Jamais on ne lui permet de jouir paisiblement du sentiment du devoir accompli. Et quand, recru de fatigue, il rentre chez lui après une journée passée à combattre les âmes rebelles de ses paroissiens, c'est pour trouver les plus infâmes calomnies placardées contre sa porte. Jamais il n'y fait la moindre allusion, mais il ne peut empêcher qu'elles soient vues. Ici tout le monde est au courant des moindres faits et gestes de son voisin, et connaître le menu exact de son dîner compte infiniment plus que n'importe quelle révolution dans la politique mondiale. Leur jolie maison est assez vaste, et ils disposent d'un beau terrain près du cimetière. Le pasteur précédent n'hésitait pas à faire sécher son linge sur les tombes, mais c'était un homme perdu de vices qu'il fallut destituer. Son dernier sermon fut de la dernière violence, et il déversa les injures les plus sales sur l'Homme de Colère qui, dans sa loge, buvait chacune de ses paroles et s'amusait comme un fou. L'Homme de Colère aime la nouveauté, et jamais on n'avait entendu pareil sermon. Aujourd'hui encore on n'en parle dans le village qu'à mots couverts, avec une joie mauvaise.

22 décembre. – Notre hiver, jusqu'à présent, a été splendide. Le ciel est dégagé, le vent faible, et malgré le gel nous n'avons connu que peu de jours de vrai grand froid. Mes fenêtres sont égayées de jacinthes et de muguet, et si j'ai déjà eu l'occasion de dire que je ne prise guère le parfum des jacinthes au printemps, lorsqu'elles paraissent manquer de fraîcheur et comme de chasteté à côté des autres fleurs, je suis heureuse aujourd'hui de pouvoir m'enivrer de leur parfum entêtant et comme sucré. En décembre, il ne faut pas être trop difficile – d'ailleurs l'hiver oblige à se montrer accomodant en tout. L'air vif fortifie l'âme aussi bien que le corps, et les nourritures et les parfums qui nous répugnaient en été nous paraissent alors parfaitement bien venus.

Bien que très absorbée par les préparatifs de Noël, je m'enferme souvent, indifférente à tous mes devoirs, pour étudier des catalogues de fleuristes et établir des listes de graines et d'arbustes à commander pour le printemps. C'est une occupation charmante, à laquelle on prend d'autant plus de plaisir qu'on sait très bien avoir mille autres choses plus importantes à faire, que Noël aura lieu dans quelques jours seulement, que les enfants et les domestiques attendent que nous mettions ordre à leurs plaisirs, et que si l'on ne s'occupe pas de la décoration des sapins et de l'achat des cadeaux nul ne le fera à votre place. À la lecture de ces catalogues les heures s'envolent insensiblement, tandis que le Devoir, derrière la porte, fait entendre sa voix bougonne. Je n'aime guère le Devoir – on peut être assuré que tout ce qui nous est désagréable relève de la catégorie du Devoir. Pourquoi ne serait-il pas de mon devoir d'établir des listes et des plans pour mon cher jardin ? C'est ce que j'ai répondu à l'Homme de

Colère lorsqu'il s'est élevé contre la façon que j'aurais de « perdre mon temps » en restant cloîtrée à l'étage. « Non, a-t-il sagement répondu, votre jardin ne peut être pour vous un devoir puisqu'il vous donne tant de plaisir. »

Qu'il est réconfortant de savoir que je peux m'abreuver à tout instant à cette inépuisable source de conseils réfléchis ! Il est donné à toutes les femmes d'avoir un mari, mais bien peu disposent d'un sage à domicile, et un sage mari est une espèce rare autant qu'utile. À vrai dire, je ne connais dans l'ordre pratique rien qui puisse s'y comparer, si ce n'est le canapé-lit que ma voisine vient d'acheter à l'intention de son mari. C'est son cadeau de Noël, et elle m'en a fait la démonstration lors de ma dernière visite. Cette magnifique invention, m'a-t-elle expliqué, combine lit, canapé et tiroirs. On range ses vêtements dans les tiroirs, on se couche par-dessus, et s'il prend fantaisie à quiconque de vous rendre visite au milieu de la nuit alors que vous vous êtes établi dans le salon, il suffit de rabattre les couvertures pour que votre visiteur ait l'impression que vous trônez sur votre canapé depuis des heures.

Je me suis enquise de savoir si son mari portait des pyjamas, mais c'était un vêtement dont elle ignorait jusqu'à l'existence.

Mes listes d'achats de printemps sont fort longues à établir. Je veux créer une bordure entièrement jaune, où seraient représentées toutes les nuances de cette belle couleur, de l'orange le plus flamboyant jusqu'au blanc cassé, et seuls les jardiniers débutants comprendront les lectures infinies auxquelles je dois procéder. Il y a des semaines que j'y travaille, et rien n'est encore arrêté. Je veux en faire un feu d'artifice ininterrompu, de mai jusqu'aux gelées d'hiver, dont l'élément principal serait constitué de soucis — des fleurs auxquelles je voue une sorte de passion —, et de capucines. Toutes les espèces, toutes les nuances de capucines seraient représentées, en grands massifs où leurs feuilles et leurs fleurs délicates se déploieraient tout à leur avantage. Il y aurait aussi des eschsholtzias, des dahlias, des tournesols, des zinnias, des scabieuses, des portulascas, des pensées jaunes, des giroflées jaunes, des pois de senteurs jaunes, des lupins jaunes — enfin toutes les fleurs jaunes, ou dont il existe une variété jaune. Toutes ces belles choses devraient être plantées au sud-ouest, dans une longue bordure ensoleillée au pied d'une pente herbue que couronnent des lilas et des pins. Juste après avoir traversé le bois de pins le promeneur sera comme aveuglé par la splendeur de mes soleils captifs, après l'ombre fraîche du sentier qui parcourt le bois.

Voilà l'idée. Mais je me laisse accabler à la pensée de tout ce qui séparera l'idée de sa réalisation. Je suis parfaitement ignorante, et le jardinier encore d'avantage — n'a-t-il pas forcé des tulipes qui ont dépéri sans qu'il comprenne pourquoi ? Qui plus est, il est amoureux de la cuisinière et doit l'épouser après Noël, ce qui l'empêche de participer à mes entreprises avec tout l'enthousiasme nécessaire. Au lieu de cela il fend du bois du matin au soir afin que les fourneaux de sa belle ne risquent pas de manquer de combustible. Je ne comprends pas comment on peut préférer une cuisinière à mes chers soucis, dont les graines dorment encore chez le grainetier et qui jettent dans mon hiver des lueurs dorées.

De tout mon cœur je voudrais être un homme pour pouvoir m'acheter une bêche et jardiner moi-même. Quel bonheur ce serait de m'occuper de mes fleurs sans perdre un temps précieux à expliquer au jardinier ce qu'il doit faire ! Il est par trop pénible de devoir décrire les visions célestes qui vous sont apparues en esprit à un individu borné, aussi incapable de visions que dépourvu d'esprit, qui pense qu'une bordure jaune ne peut être composée que de calcéolaires frangées de bleu.

J'ai pris soin de n'admettre parmi mes jaunes élues que des fleurs assez humbles pour se contenter de notre sol, qui est loin d'être idéal, et assez robustes pour supporter les rigueurs de notre climat. Je ressens une véritable reconnaissance envers les fleurs assez vigoureuses et assez décidées pour se plaire ici. C'est le cas des pensées et des pois de senteur, alors que les œillets, en dépit de soins attentifs, n'ont presque pas fleuri cet été. Presque toutes les roses sont bien venues malgré le sol sablonneux, à l'exception des roses thés « Adam » qui étaient couvertes de boutons prêts à éclore lorsqu'elles ont soudain noirci et sont mortes, et de trois « Dr. Grill » ordinaires qui m'ont tout simplement boudée. J'avais lu dans mes catalogues de telles descriptions des « Dr. Grill » que mon excitation ne connaissait plus de bornes, et sans doute ai-je mérité la rebuffade qu'elles m'ont infligée. « Mes chéries, ne laissez jamais l'excitation vous gagner », conseillerai-je à mes trois fillettes lorsque le temps sera venu de les mener dans le monde, « en tout cas ne le montrez jamais. Si la nature a fait de vous des volcans, faites en sorte qu'ils paraissent éteints. N'ayez jamais l'air heureux, ou intéressé, et jamais au grand jamais n'ayez l'air d'avoir le moindre désir. Une indifférence polie doit se manifester dans chacun de vos traits. Ne montrez point de goût pour les personnes ni pour les choses. Soyez froides, alanguies, et surtout réservées. Si, malgré les conseils de votre mère, vous donnez libre cours à vos enthousiasmes de jeunes femmes sans cervelle, vous subirez mille rebuffades. Si vous suivez la voie que je vous indique, vous épouserez des princes et serez heureuses à jamais. »

Les « Dr. Grill » doivent être des roses d'Allemagne. Rien ne répugne plus à un Allemand que de sentir qu'on a plaisir à le rencontrer. Soyez déplaisant, revêche, cassant, et vous le verrez de minute en minute se faire plus aimable. Mais je ne m'attendais certes pas à être traitée de cette façon par des roses ! Ces « Dr. Grill » m'ont écœurée. On leur a réservé le meilleur emplacement du jardin, le plus ensoleillé, le plus chaud, le mieux protégé ; on les a plantées avec tout un luxe de précautions, puis nourries de l'engrais le plus rare – un mélange de compost, d'argile et de lisier ; pendant toute la sécheresse on les a arrosées tous les jours alors que d'autres fleurs, plus nécessiteuses, ne recevaient pas une goutte d'eau ; et au bout du compte elles n'ont su que devenir toutes noires et racornies ! Elles ne sont même pas mortes, simplement elles refusaient de vivre, et au bout de l'été on ne leur voyait pas une pousse ou une feuille de plus que celles qu'elles avaient en avril. J'aurais préféré qu'elles meurent sans tarder au lieu d'occuper en pure perte le meilleur emplacement du jardin dont elles privent des roses plus aimables, car je sais fort bien qu'elles se préparent à recommencer l'année prochaine. Mais les épreuves ne sont-elles pas le lot de l'humaine condition dont les jardiniers ne sauraient s'exclure, et ne vaut-il pas mieux nous les voir imposer par des plantes que par nos frères humains ? Avec les plantes nous avons au moins la certitude d'être dans notre tort, alors que chacun a connu auprès de ses semblables les douleurs de l'innocence bafouée.

J'ai deux visiteuses à la maison, sans avoir rien fait pour mériter ce châtiment, moi qui me faisais une joie de passer un Noël paisible avec l'Homme de Colère et les bébés. Le Destin en a décidé autrement. Très régulièrement le Destin défait mes plans les mieux ourdis, Dieu sait pourquoi. Je n'ai même pas invité ces deux dames. Elles m'ont été imposées comme les honneurs le sont aux modestes. L'une est Irais, ma délicieuse chanteuse de l'été, que j'aime de tout mon cœur mais que je ne pensais pas revoir avant un an au moins. C'est elle qui m'a écrit la première pour demander à passer Noël ici car elle supportait mal les sautes d'humeur de son mari. Pleine de compréhension, je l'ai chaleureusement priée de venir, et elle est venue. L'autre, c'est Minora.

La présence de cette jeune fille est encore un mystère pour moi. Il y a quinze jours, j'ignorais jusqu'à son existence. Un matin que je descendais gaiement prendre le petit déjeuner — c'était le lendemain de mon retour d'Angleterre —, j'ai reçu une lettre d'un ami anglais, jusqu'alors parfaitement inoffensif, qui me demandait de manifester de l'amitié pour Minora. J'ai lu la lettre à haute voix pour que l'Homme de Colère n'en perde rien — il se délectait de *Spickgans*, une spécialité de la région.

— « Ma chère Elisabeth », écrivait mon ami, « je vous prie de faire bénéficier cette pauvre créature de toute votre mansuétude. Elle étudie les beaux-arts à Dresde et se trouve absolument seule au moment de Noël. Elle est aussi ambitieuse que travailleuse... »

— C'est donc qu'elle n'est pas jolie, m'a interrompu l'Homme de Colère. Seuls les laiderons ont besoin de travailler.

« … et ne manque pas d'intelligence … »

— Je n'aime pas ces filles trop intelligentes, elles sont en général stupides, m'a de nouveau interrompu l'Homme de Colère.

« Si aucune créature compatissante ne prend soin d'elle, sa solitude risque de devenir insupportable… »

— Et pourquoi cela ?

« Sa mère est ma plus vieille amie, et elle serait au désespoir à l'idée que sa fille puisse passer Noël dans une pareille solitude. »

— Peu me chaut !

— Vous rendez-vous compte que je suis obligée de l'inviter ? me suis-je écrié fort piquée.

« Au cas où vous consentiriez, ma chère Elisabeth, à jouer les bons Samaritains », poursuivait mon ami, « je ne doute pas que vous trouviez en Minora la plus charmante des compagnes… »

— Et en plus elle s'appelle Minora ! s'est exclamé l'Homme de Colère.

Le bébé d'Avril, qui depuis six semaines maintenant est confié aux soins d'une gouvernante au zèle presque effrayant, a levé les yeux de son goûter.

— On dirait un nom d'île, a-t-elle fait remarquer d'un air pensif.

La gouvernante a toussé discrètement.

— Majora, Minora, Alderney et Sark ! a expliqué sa petite élève.

Je l'ai regardée de mon air le plus sévère.

— Mon enfant, si vous n'y prenez garde vous

deviendrez un génie et vous couvrirez de honte vos pauvres parents.

Miss Jones n'a pas l'air d'aimer les Allemands. Je crains qu'elle n'ait le plus grand mépris pour les étrangers que nous sommes. Cette attitude on ne peut plus britannique est bien sûr fort louable, mais comme à nos yeux c'est elle qui est l'Étrangère, les choses sont assez embrouillées.

— Suis-je vraiment obligée de recevoir cette fille venue de nulle part ? ai-je demandé sans m'adresser à personne en particulier.

— Vous n'y êtes nullement obligée, a posément déclaré l'Homme de Colère, et cependant vous le ferez. Dès aujourd'hui vous lui écrirez pour l'inviter très cordialement, et elle ne sera pas ici depuis vingt-quatre heures que vous vous serez prise de bec avec elle. Je vous connais ma chère.

— Avec une étudiante des Beaux-Arts ?

Miss Jones a modestement baissé les yeux. Nul ne sent venir d'aussi loin qu'elle les scènes de ménage. Sa parfaite discrétion devient alors si insupportable que nous nous disputons comme des chiffonniers. Je devrais prendre mon courage à deux mains et lui donner son congé, car en dehors de ses excès de discrétion elle est une gouvernante infiniment trop zélée, qui passe son temps à faire la classe au lieu de jouer avec le bébé d'avril. Malheureusement ce bébé l'adore et trouve qu'elle n'a jamais vu personne d'aussi beau. Chaque matin elle décrit avec admiration les splendeurs toujours renouvelées de la garde-robe de sa gouvernante, en particulier les ombrelles et les chapeaux. Miss Jones, l'air offensé, pince alors les lèvres. Comme la plupart des gouvernantes elle a la lèvre supérieure ombragée d'un léger duvet, et le bébé d'avril a arboré un jour, à son imitation, une splendide moustache dessinée à la mine de plomb. Miss Jones l'a aussitôt mise au coin pour la punir de son impertinence alors qu'elle voulait seulement exprimer la profondeur de son amour. Je me demande pourquoi les gouvernantes sont si désagréables. L'Homme de Colère prétend que c'est parce qu'elles sont en mal de maris. Sans oser contredire la voix de l'Expérience, il me semble que le fait de devoir constamment servir d'exemple doit avoir quelque chose d'épuisant. Il est bien plus facile, et souvent plus agréable, de servir de repoussoir que d'exemple, et les gouvernantes ne sont que de pauvres femmes avec, comme toutes les femmes, leurs moments de folie. Comme il doit être ennuyeux d'avoir à donner l'exemple de la sagesse quand on meurt d'envie de faire mille folies.

Minora et Irais sont arrivées ensemble, ou plutôt lorsqu'Irais est descendue de voiture elle m'a avertie qu'une jeune fille d'allure bizarre suivait à bicyclette. J'ai envoyé la voiture à sa rencontre car il se faisait tard, et puis les routes sont bien mauvaises.

« Pourquoi diable vous encombrez-vous d'une fille pareille ? m'a demandé Irais sans aménité en retirant son chapeau devant la cheminée de la bibliothèque. Je n'aime guère ce genre de fille. Elles ne valent guère mieux que les maris mal embouchés. Qui est-ce d'ailleurs ? Je suis sûre qu'aucune femme avant elle n'est venue de la gare à bicyclette. Les petits garçons lui jetaient des pierres.

— Mon Dieu, cela ne fait que démontrer l'ignorance de ces petits garçons. Ne pensez plus à elle. Je vais faire servir le thé en attendant qu'elle arrive.

— Mais nous serions tellement mieux sans elle, a-t-elle grommelé. Vous souvenez-vous seulement du bel été que nous avons passé toutes les deux ?

— Comment pourrais-je l'oublier ? » ai-je répondu du fond du cœur en la prenant par les épaules.

Mon affection pour elle ne connaissait plus de bornes. D'ailleurs, cette fois, j'avais pris mes précautions pour qu'il lui fût impossible de répéter ses errements dans le maniement des salières. Celles-ci ne devaient plus être placées sur la table, mais proposées aux invités comme les légumes d'accompagnement. Irais s'était retirée dans sa chambre pour se changer quand Minora et sa bicyclette ont fait leur apparition. Je me suis hâtée de lui souhaiter la bienvenue. N'était-elle pas bien seule en cette période de Noël ? Mais elle était tout sauf timide. Sans prêter la moindre attention à mes démonstrations d'amitié elle a donné aux domestiques les instructions les plus précises pour qu'ils débarrassent les roues de son engin de la neige qui les recouvrait.

« Je n'ai pas réussi à me faire comprendre de votre domestique à la gare, a-t-elle fini par me dire. Je lui ai demandé à quelle distance nous étions de chez vous et quel était l'état des routes, et il s'est contenté de me faire un beau sourire. Est-ce qu'il est allemand ? Oui, bien sûr où avais-je la tête — c'est bizarre quand même qu'il n'ait pas compris ce que je voulais. Votre anglais à vous est très bon, très bon vraiment. »

Nous nous trouvions alors dans la bibliothèque. Assise sur le tapis en face de la cheminée, elle se chauffait le dos pendant que je lui versais du thé.

« La drôle de pièce, a-t-elle dit en jetant un regard circulaire. L'entrée est curieuse elle aussi. C'est très ancien, n'est-ce pas ? Il y a là la matière... »

L'Homme de Colère, qui se trouvait dans l'entrée lors de son arrivée et nous avait accompagnées, s'est mis à regarder fixement le tapis.

« Matière ?

— Oui, la matière d'un livre... Je note tout ce qui me paraît intéressant dans votre pays, et quand j'aurai le temps j'en ferai un livre. »

Elle parlait haut, comme font les Anglais dès qu'ils s'adressent à des étrangers.

« Ma chère, ai-je annoncé à Irais dès que j'ai pu me précipiter dans sa chambre, imaginez-vous qu'elle écrit des livres !

— Quoi, la cycliste ?

— Parfaitement, Minora ! Vous vous rendez compte... »

Nous nous sommes regardées d'un air accablé.

« Quelle horreur, a murmuré Irais. Une jeune fille qui écrit...

— Elle dit qu'elle a la matière.

— Qu'elle a quoi ?

— La matière dont on fait les livres.

— Ma chère c'est encore pire que ce que j'imaginais ! Trouver chez de bons amis une jeune fille d'allure bizarre, passe. Mais une jeune fille qui écrit, cela passe les bornes de la décence. Et nous ne pouvons même pas écraser ces gens-là de notre mépris. Ils n'y comprendraient rien.

— Essayons toujours ! me suis-je écriée de bon cœur. »

La bibliothèque et l'immense vestibule ont vivement impressionné Minora. Après le dîner elle s'est même attardée si longtemps dans le vestibule, qui est très froid, que l'Homme de Colère a endossé son manteau de fourrure pour faire gentiment comprendre qu'il était temps de se retirer. Il ne manque pas de gentillesse.

Elle a voulu entendre toute l'histoire de la chapelle, des nonnes et de Gustave Adolphe, et a sorti un énorme calepin pour noter ce que je venais de raconter. Cela a suffi à me faire taire.

« Eh bien ?

— C'est tout.

— Mais vous venez à peine de commencer.

— Il n'y a rien à ajouter. Voulez-vous passer dans la bibliothèque ? »

Et elle a repris sa position devant la cheminée pendant que nous gelions, assis en rang d'oignons derrière elle. Elle a un fort beau profil, ce qui a le don de m'irriter, mais ses yeux sont trop rapprochés.

Irais a allumé une cigarette, s'est appuyée contre le dossier de sa chaise, et l'a longuement examinée à travers ses longs cils.

« Vous écrivez un livre ? a-t-elle fini par demander.

— Eh bien... oui. J'écris mes impressions... sur votre pays. Tout ce qui me frappe comme étant amusant ou curieux, je le note en prévision du jour où j'aurai le temps de l'utiliser.

— Mais n'étudiez-vous pas la peinture ?

— Oui mais je ne vais pas faire cela toute ma vie. Nous avons un proverbe en Angleterre qui dit que la vie est courte et l'art bien long, trop long à mon goût. Écrire me détend quand je me sens fatiguée.

— Avez-vous déjà pensé à un titre ?

— Oh, je crois que je vais l'appeler *L'Allemagne à l'aventure*. Cela sonne bien, je trouve, avec l'allitération.

— Par l'auteur de *Promenades en Poméranie* sans doute, a suggéré Irais.

— De *Droit à Dresde* !

— Et de *Balivernes de Berlin* ! »

Minora a réfléchi un instant.

« Les deux derniers titres ne conviendraient sans doute pas, car ce n'est pas un livre destiné à faire rire. Mais je retiens le premier, ajouta-t-elle en sortant son calepin. Je vais tout de suite le noter.

— Si vous vous contentez de noter ce que nous disons est-ce que ce sera encore *votre* livre ? » a demandé Irais.

Mais Minora était trop occupée pour l'entendre.

« Et vous, Homme Sage, n'avez-vous pas de suggestion à nous faire ? a alors demandé Irais en se tournant vers l'Homme de Colère qui s'était contenté jusque là d'emplir la pièce d'une épaisse fumée, sans dire mot.

— Oh, « Homme Sage », et en anglais... vous l'appelez toujours comme cela ? »

Irais et moi avons échangé un regard de panique. Nous ne savons que trop bien comment nous l'appelons entre nous et nous avons craint qu'à force de ruses elle ne réussisse à le noter dans son grand calepin noir. L'Homme de Colère, quant à lui, n'avait pas l'air ravi d'entendre son invitée nous interroger en sa présence.

« Un mari est toujours un sage, a-t-il déclaré gravement.

— Mais un sage pas toujours mari, a réparti Irais du même ton. Miss Minora que vous en semble des vieux sages et des jeunes maris ?

— Cela me rappelle quelque chose ! s'est écriée Minora, le crayon en l'air et la cervelle en feu. C'est... c'est une chanson ! « J'aime mieux un jeune fou qu'un vieux sage... » Mais elle est si vulgaire... Je ne peux pas la noter.

— Qu'est-ce qui est vulgaire ? ai-je demandé.

— Elle trouve nos vieilles chansons vulgaires, a dit Irais d'un air langoureux. Elles qui sont si jolies... »

Et elle s'est assise au piano. Après avoir contemplé un instant le clavier, elle s'est mise à chanter.

— Est-ce que vous jouez du piano ? ai-je demandé à Minora.

— Oui, mais il y a longtemps que je n'ai pas touché un piano. »

Je n'ai pas insisté, ne sachant que trop ce que cela veut dire.

Nous allumions nos bougies lorsque Minora a commencé à nous entretenir dans une langue inconnue.

« Qu'est-ce qui lui prend ? ai-je murmuré.

— J'ai pensé, expliqua Minora en anglais, que vous préfériez peut-être parler allemand, et comme cela m'est bien égal...

— Je vous en prie, ne vous donnez pas cette peine, a répondu Irais. Nous avons plaisir à exhumer notre anglais. N'est-ce pas Elizabeth ?

— C'est que je ne voudrais pas perdre mon allemand, a expliqué Minora.

— Un de perdu, dix de retrouvés ! a osé dire Irais qui nous précédait dans l'escalier.

— Vous ne craignez pas de dormir seule, j'espère, me suis-je empressée d'intervenir.

— Dans quelle chambre l'avez-vous installée.
— La douze.
— Oh, la douze... Croyez-vous aux fantômes ? »
Minora est devenue toute pâle.

« Quelle absurdité ! Il n'y a jamais eu de fantômes ici. Bonne nuit. Si vous avez besoin de quoi que ce soit, n'hésitez pas à sonner.

— Et si vous remarquez quelque chose de curieux, n'hésitez pas à le noter ! » a ajouté Irais depuis la porte de sa chambre.

27 décembre. — Il est de mise, me semble-t-il, de soutenir que Noël est un moment insupportablement ennuyeux, pendant lequel chacun se croit obligé de manger comme quatre et de s'esbaudir sans rime ni raison. Pour moi, je considère qu'il s'agit d'une des plus poétiques et des plus charmantes institutions qui existent, à bien y réfléchir. Après avoir été plus ou moins désagréable avec tout un chacun pendant toute une année, c'est une bénédiction que de devoir se montrer aimable au moins pendant une journée, et d'offrir des cadeaux en toute simplicité, sans penser nécessairement que nous risquons de gâter ceux qui les reçoivent et que nous nous en mordrons les doigts plus tard. Les domestiques sont de grands enfants que l'on contente aisément par de menus cadeaux et des friandises, et bien avant la date fatidique, chaque fois que les trois bébés se rendent dans le jardin ils s'attendent à y rencontrer l'Enfant Jésus les bras chargés de cadeaux. Ils croient dur comme fer que c'eſt ainsi que les cadeaux arrivent, et rien que pour cette charmante idée il vaudrait la peine de fêter Noël.

Le soin de préparer la fête m'eſt entièrement dévolu. Lourde tâche, car nous sommes fort nombreux dans la maison, sans compter ceux qui viennent des domaines, et tous ces enfants, qu'ils soient grands ou petits, s'attendent à recevoir leur part de bonheur. La bibliothèque, où sont inſtallés les arbres de Noël et les cadeaux, reſte fermée pendant plusieurs jours. Tout un côté de la pièce eſt occupé par les arbres, et les trois autres par autant de tables qu'il y a de personnes présentes. Lorsque les arbres sont illuminés, et que mille bougies éclairent des visages radieux, j'oublie tous les soucis que m'ont donné les préparatifs, j'oublie le nombre de fois où j'ai dû monter et descendre les escaliers, j'oublie mes maux de tête et mes pieds fourbus, et je me laisse gagner par la joie générale. Le bébé de juin entre le premier, suivi des autres enfants, des parents, des domeſtiques, du chef régisseur et de sa famille, des régisseurs des différents domaines, des intendants et des secrétaires, puis de tous les enfants en troupe serrée — les grands tenant les petits par la main et les bébés dans leurs bras pendant que les mamans regardent par la porte. Tous ceux qui peuvent tenir dans la pièce s'alignent devant les arbres et chantent deux ou trois noëls. On leur remet leurs cadeaux et ils se retirent triomphalement pour laisser la place aux suivants. Mes trois bébés ont chanté de tout leur cœur eux aussi, sans trop savoir ce qu'ils entonnaient avec tant d'entrain. Ils étaient tout de blanc vêtus, et le bébé de juin arborait un de ces petits vêtements à manches courtes que portent les petits Teutons quelle que soit la température. Elle a de véritables bras de boxeur, jamais je n'ai rien vu de pareil. En outre, sa petite gouvernante qui l'adore l'avait couverte de rubans bleus, ce qui la faisait ressembler à une poupée de foire. Comment, dans quelques années, pourrais-je la mener au bal avec de pareils bras ?

Lorsqu'elles sont venues nous souhaiter bonne nuit, les fillettes avaient l'air bien pâles et bien lasses. Le bébé d'avril traînait une poupée japonaise qui paraissait au dernier degré de l'épuisement, et a déclaré solennellement qu'elle l'emmenait se coucher en raison de sa grande fatigue. Elles nous ont embrassés mécaniquement avant de s'éclipser, seul le bébé d'avril a jeté un coup d'œil aux arbres et leur a fait une petite révérence avant de s'en aller.

« Au revoir les arbres », l'ai-je entendu dire.

La poupée japonaise a dû elle aussi s'incliner devant les arbres, à sa façon alanguie et comme blasée.

« C'est la dernière fois que tu les vois, lui a-t-elle lancé en le secouant comme un prunier, parce l'année prochaine tu seras toute cassée ! »

Puis elle est revenue sur ses pas comme si elle avait oublié quelque chose.

« Maman tu diras beaucoup merci à Gentil

Christ pour toutes les jolies choses qu'il nous a apportées. Tu vas Lui écrire dis, tu promets ? »

Je ne vois pas que notre Noël ait rien eu d'un frustre plaisir, et notre joie n'était pas feinte. Pendant deux jours au moins, nous avons été plus proches les uns des autres, et sans doute meilleurs. Le bonheur a quelque chose de revigorant qui me porte à la piété bien plus que ne le ferait une succession d'épreuves et de chagrins, et un plaisir inattendu est le moyen le plus sûr de s'assurer de mon dévouement. En dépit de ce que soutiennent quelques esprits chagrins je ne me résous pas à croire que les revers nous rendent meilleurs. Ils nous rendent amers au contraire, autant que le bonheur nous adoucit. Et qui oserait soutenir qu'il nous faudrait rendre grâce pour nos épreuves et non pour nos joies ? Nous avons été destinés au bonheur, et devons accepter le bonheur avec reconnaissance – nous ne sommes pas assez reconnaissants des joies imméritées qu'on nous procure. Je connais une femme – elle a passé l'été dernier chez moi –, qui se réjouit des souffrances infligées à ceux qu'elle aime. Elle croit que nous sommes nés pour souffrir, que cela trempe nos caractères et fortifie nos âmes. Jamais elle ne fera quoi que ce soit pour protéger quelqu'un de la douleur. Elle partage la peine de l'affligé mais la croit nécessaire. Abandonnons-la à ses sinistres croyances ; elle ne possède pas de jardin pour lui enseigner la beauté et la joie de la sainteté, et n'éprouve nullement le désir d'en avoir un. Ses idées ont la couleur grise des quartiers mornes où elle demeure – la couleur de l'humanité grégaire. La résignation a quelque chose de scandaleux. Si votre sort vous rend malheureux, changez-en ! Foncez ! N'écoutez ni les jérémiades ni les moqueries de votre entourage. Ne laissez pas le petit cercle de vos relations dicter votre conduite. N'ayez pas peur de l'opinion publique incarnée par votre voisin de palier, alors que le monde entier s'offre à vous dans sa splendeur nouvelle et que tout est encore possible pour peu que vous fassiez preuve d'indépendance, d'énergie, et que vous sachiez saisir votre chance au cou.

« À vous entendre, a dit Irais, jamais on ne croirait que vous passez vos journées un livre à la main, perdue dans vos pensées, et que vous n'avez jamais saisi aucune chance au cou. Saisir au cou, quelle brutalité... »

Minora et Irais devaient m'aider à décorer les arbres, mais très vite Irais est allée s'installer au piano et Minora a pris un livre. J'ai donc dû avoir recours à Miss Jones et aux enfants – ce fut d'ailleurs la dernière apparition publique de Miss Jones, ainsi que je le conterai –, et après deux jours de travail presque ininterrompu, elles étaient rompues. Elles avaient l'air de princesses dans leurs jupons couverts de poussière d'or. Minora les a longuement décrites dans un chapitre de son livre intitulé justement *Noël* – je le sais car elle a laissé son carnet de notes ouvert lorsqu'elle est allée parler à Miss Jones. Minora et Miss Jones se sont parfaitement entendues dès le premier moment, et s'il n'eſt que trop naturel de chercher la compagnie de ses compatriotes je ne comprends pas qu'on doive nécessairement se prendre d'affection pour eux.

« Je me demande ce qu'elles peuvent bien se raconter, ai-je demandé hier à Irais alors qu'il était évidemment impossible d'arracher Minora à la conversation qu'elle avait avec Miss Jones pour la persuader de prendre le thé.

— Comment voulez vous le savoir ? Elles parlent de leurs amants sans doute, à moins qu'elles ne veuillent faire assaut d'intelligence en racontant tout ce qui leur passe par la tête.

— Minora se considère sûrement comme une femme intelligente.

— Bien sûr, mais quelle importance ? Pourquoi votre gouvernante a-t-elle l'air si triste ? Quand je la vois j'ai toujours l'impression qu'elle vient d'apprendre le décès de quelqu'un. Mais c'eſt le genre d'événement qui ne peut pas se répéter tous les jours. Qu'eſt-ce qu'elle a ?

— Je crois qu'elle trompe son monde, ai-je fini par dire.

— Enfin une bonne nouvelle ! » a répondu Irais.

C'eſt alors que la porte de la salle d'étude s'eſt doucement ouverte et que le bébé d'avril eſt venu s'asseoir à mes pieds. Par la porte reſtée entrouverte nous pouvions entendre tout ce que disait Miss Jones :

« Les parents manquent souvent de sagesse, et

les efforts qu'ils s'imposent pour paraître sages devant les enfants et les gouvernantes doivent être effrayants. Les ecclésiastiques non plus n'ont pas plus de vraie piété que le commun des mortels, et pourtant ils doivent prétendre le contraire. Quant aux gouvernantes, Miss Minora, je sais de quoi je parle quand j'affirme que rien n'est plus intolérable que de devoir se montrer polie, et même soumise, devant des maîtres dont la folie saute aux yeux, et d'être obligée à cause de la présence des enfants et de ses employeurs de feindre des sentiments que l'on n'éprouve nullement. Comme il est intéressant d'observer un grave père de famille, autrefois le plus gai des célibataires, qui pontifie à table sous le regard admiratif de ses enfants. D'être devenu père ne lui confère pourtant aucun brevet de vertu, et je peux vous assurer que de tous les regards qui se fixent sur lui il n'en est pas de plus critique ni de plus amusé que celui de la très humble gouvernante.

– Oh, Miss Jones, comme cela est bien dit ! avons-nous entendu Minora s'écrier tandis que nous frissonnions d'horreur à cet étalage de sentiments affreux. Pourrai-je vous citer dans mon livre ? »

Miss Jones était pleine de son sujet :

« Si l'on ne disposait pas de quelques heures de détente pour se délasser de la grande parade de vertu à laquelle il faut se livrer en public, il serait absolument impossible de maintenir plus de quelques jours ses bonnes manières. On deviendrait incapable de suivre ses meilleurs instincts, incapable même de remords. Que l'on soit parent, prêtre ou gouvernante, on se trouverait dans la situation d'une femme corpulente qui ne trouverait jamais le temps de retirer son corset.

— Ma chère, quel feu d'artifice ! » a murmuré Irais.

J'ai fini par me lever. Elles étaient assises toutes les deux sur le divan de la salle d'étude, Minora joignait les mains et couvait du regard Miss Jones dont le visage avait une expression bien différente de celle que je lui connaissais.

« Voudriez-vous vous joindre à nous pour le thé ? ai-je demandé à Minora. J'aimerais aussi avoir les enfants avec moi un instant. »

Elle s'est levée, visiblement à contrecœur, mais j'ai attendu qu'elle soit sortie, ainsi que les deux bébés, avant de fermer la porte. Les enfants avaient joué à se farcir les oreilles de papier journal pendant que Miss Jones fournissait Minora en détails pittoresques, et il a fallu les torturer avec des pinces à épiler pour les en débarrasser. Je n'ai rien dit à Minora, mais me suis arrangée pour la retenir jusqu'à l'heure du dîner. Ce matin nous sommes parties pour une longue promenade en traîneau. Quand nous sommes revenues, Miss Jones avait disparu.

« Miss Jones est-elle souffrante ? a demandé Minora.

— Elle est partie.

— Partie ?

– On l'a rappelée en Angleterre. Sa mère... » a expliqué Irais.

Minora a passé l'après-midi à se morfondre. L'âme sœur qu'elle s'était trouvée lui avait été brutalement arrachée, comme il advient souvent aux âmes sœurs. Pauvre enfant, comment lui reprocher d'avoir préféré la compagnie de Miss Jones à la nôtre ?

Pendant le dîner Irais ne put s'empêcher de la considérer de travers.

« Vous avez l'air bien pâle. Vous sentez-vous bien ? »

Minora a levé avec peine des yeux accablés.

« Un simple mal de tête, a-t-elle aimablement répondu.

– J'espère que vous n'allez pas tomber malade, a dit Irais avec sollicitude, car vous savez qu'ici nous n'avons qu'un vétérinaire, très bien intentionné cela va sans dire, mais quelque peu expéditif. »

Minora n'en pouvait croire ses oreilles.

« Mais alors que faites-vous quand vous êtes malades ?

– Nous ne sommes jamais malades, ai-je répondu, la seule idée que personne ne pourrait prendre soin de nous suffit à nous maintenir en parfaite santé.

– Et s'il prend fantaisie à quiconque de garder la chambre Elizabeth appelle aussitôt le vétérinaire », a précisé Irais.

Minora est restée silencieuse. Elle doit se dire

que la seule créature un peu civilisée de notre pays barbare vient d'en être chassée, et qu'elle reste seule à notre merci. Quel que soit l'état de ses réflexions, ses symptômes paraissent en tout cas s'atténuer.

Premier janvier. – Le culte du Nouvel An est, de toute l'année liturgique, le seul dont la célébration dans notre temple me laisse une impression durable. Le dépouillement de la cérémonie, et la laideur même de notre petit temple, produisent un effet que ne saurait égaler le culte le plus splendide, célébré dans le temple le mieux éclairé. Hier soir nous y avons emmené Irais et Minora, et nous avons parcouru en traîneau les trois *miles* désolés qui nous séparent du temple. Il faisait nuit noire, et le vent était déchaîné. Nous étions emmitouflés jusqu'au cou dans nos fourrures, aussi silencieux qu'un convoi funéraire.

« On dirait que nous partons enterrer nos péchés de l'année », a dit Irais en montant en traîneau, et effectivement il y avait dans l'air quelque chose de funèbre.

À notre banc d'honneur nous écarquillions les yeux pour déchiffrer nos cantiques à la lueur de chandelles de suif, plantées à même le bois, dont de violents courants d'air faisaient trembler les flammes chétives. Le vent heurtait les fenêtres en grandes bourrasques, couvrait l'orgue de ses hurlements, et menaçait à chaque instant d'éteindre toutes les vacillantes lumières du temple. Dans sa chaire de bois sombre, décorée d'angelots poussiéreux, le pasteur devait élever la voix pour se faire entendre, ce qui lui donnait l'allure d'un Maître menaçant. Assise dans mon coin sombre, je me suis sentie minuscule, solitaire et sans défense au milieu d'un monde immense et noir. Le temple était froid comme une tombe ; quelques chandelles, à force de vaciller, se sont éteintes tout à fait ; le pasteur en robe noire a parlé de la mort et du Jugement dernier ; j'ai cru entendre le cri d'un enfant et n'ai qu'à grand peine consenti à comprendre que ce n'était que le vent. Je me suis sentie mal à l'aise, pleine de pressentiments lugubres. Ma foi et ma philosophie m'avaient abandonnée, et je sentais confusément que j'avais mérité d'être punie pour des crimes dont je n'avais pas la première idée. Si le temple n'avait pas été si sombre, et le vent si violent, les menaces du pasteur ne m'auraient pas impressionnée au point de me faire prendre toutes sortes de bonnes résolutions, ce qui est toujours mauvais signe. Seuls se livrent à cet exercice ceux qui n'ont aucune intention de tenir leurs promesses, car celui qui fait spontanément ce qui est juste et bon n'a nul besoin d'en manifester bruyamment l'intention. Depuis plusieurs années je n'ai plus pris de résolution à l'occasion du Nouvel An. À quoi bon verser un vin nouveau dans la même vieille outre ? Sans les bourrasques d'hier soir, jamais je n'aurais recommencé.

« Mais je ne suis pas une vieille outre, moi !

s'est écrié Irais à qui je faisais part de mes réflexions quelques heures plus tard, devant un grand feu qui pétillait dans la cheminée de la bibliothèque. Mes résolutions tiennent fort bien jusqu'au printemps pourvu que je les soumette chaque mois à une revue de détail et que je renonce à celles qui se sont révélées impossibles à tenir. Grâce à ce traitement, il ne m'en reste plus une seule quand arrive le mois d'avril.

— Là ! Vous voyez bien que j'ai raison. Si vous n'étiez pas une vieille outre – j'y insiste –, vos résolutions ne seraient pas si difficiles à tenir, et le vin nouveau n'aurait plus rien d'amer. »

Elle a hoché la tête d'un air incrédule.

« Pour moi il ne cesse jamais d'être amer. C'est pour cela que je prends soin de m'en débarrasser avant l'été. À partir du mois de mai je suis perpétuellement en fête, comme la nature elle-même, et bien trop occupée de mon bonheur pour me soucier de ce que j'ai pu promettre lorsqu'il faisait froid et noir. »

« Et voilà pourquoi vous m'êtes bien chère », ai-je songé à part moi. Souvent Irais exprime ce que je pense mieux que je ne saurais le faire.

« Je me demande, a-t-elle continué après un moment de réflexion, si les hommes prennent de bonnes résolutions eux aussi.

— J'en doute. Il n'y a que les femmes pour s'accorder un pareil luxe de sentiments. Quoi de plus beau, lorsqu'on n'a rien de mieux à faire, que de s'abîmer dans la douleur et le repentir ? Quoi de plus absurde également ? À quoi bon pleurer sur le lait renversé, à quoi bon pécher s'il faut se repentir aussitôt après ? Nul ne pèche qui ne soit pécheur dans l'âme, et personne ne se repentirait s'il ne craignait d'être découvert.

— Quand vous dites « personne » vous voulez dire « les femmes » a précisé Irais.

— Bien sûr. Être femme ou n'être personne, où est la différence ? D'ailleurs les hommes ont en général le courage de leurs opinions.

— J'espère que vous écoutez, Miss Minora », a dit Irais du ton de parfaite politesse dont elle ne se départit jamais quand elle s'adresse à cette jeune personne.

Il était presque minuit, et nous étions tous assis autour du feu à attendre le Nouvel An en sirotant le *Glühwein* que l'Homme de Colère avait préparé à une petite table. C'est un breuvage chaud et sucré, au goût plutôt désagréable, que l'on boit traditionnellement ce soir-là. Nous ne pouvions pas y échapper.

Minora ne nous aime guère, Irais et moi. Nous nous sommes vite aperçues de cette inimitié qui nous fait pouffer de rire lorsque nous nous retrouvons entre nous. Je comprends qu'elle n'ait pas de sympathie pour Irais, qui s'est moquée d'elle, mais seule une perversité profonde peut l'empêcher de répondre à mes démonstrations d'amitié. Quoi qu'il en soit nous sommes mal vues, et l'Homme de Colère est aux yeux de Minora un specimen particulièrement intéressant de mari, incompris et maltraité, qu'elle se propose d'abriter sous son aile afin de le protéger contre notre ironie. Jamais il ne lui adresse la parole pourtant, et, lui qui n'est guère loquace dans la vie courante, garde l'impassibilité du sphynx lorsqu'elle entreprend de nous rabrouer en sa présence pour quelques propos un peu vifs qu'il nous arrive de lui adresser. Quelques jours après son arrivée, elle a tenté un soir de faire avec lui la coquette, de l'amuser. En pure perte, bien sûr. Comment dérider la statue du commandeur ? La femme d'un de nos domestiques venait de mettre au monde un garçon après une série de cinq filles, et pendant le dîner nous avons bu à la santé des heureux parents. L'Homme de Colère a invité le père à vider son verre d'un trait en joignant les talons à la façon des soldats, ce que Minora a trouvé si délicieusement allemand que, non contente d'en prendre bonne note elle a entrepris de célébrer l'événement à sa façon.

Elle s'est proposé tout d'abord de nous enseigner une danse appelée *Washington Post*, me semble-t-il, qui selon elle faisait fureur en Angleterre. Pour nous inviter à la danse elle a joué la mélodie au piano. Insensibles à ses beautés, nous sommes tous restés au fond de nos fauteuils à rôtir consciencieusement nos doigts de pied devant le feu. Parmi ces doigts de pied on comptait ceux de l'Homme de Colère, qui lisait tranquillement un livre et fumait d'abondance. Minora, voulant nous montrer les pas, s'est mise à danser toute seule derrière nous. J'ai été la seule à me retourner, par pure politesse et tendresse de cœur. Jugez un peu si j'ai mérité de me retrouver sur la liste noire de Minora. Et pourtant j'y figure bel et bien, en toutes lettres !

« Il faudrait entendre la musique en même temps », a fait observer Minora, hors d'haleine, tout en fonçant entre les sièges sans m'accorder un regard (elle n'avait d'yeux que pour l'Homme de Colère).

Personne n'a répondu.

« C'est vraiment une jolie danse », a-t-elle répété après quelques tours.

Toujours pas de réponse.

« Je vais vous l'apprendre. Vous ne voulez pas essayer, Monsieur le Sage ? »

Et elle s'avança vers lui en esquissant une révérence. Bien que, de toute évidence, cette épithète de « sage » agace au plus haut point l'Homme de Colère, elle continue imperturbablement à l'en affubler.

« Laissez là ce vieux livre tout poussiéreux ! s'est-elle gaiement écrié en voyant qu'il se refusait à bouger. Je suis sûre que c'est un austère traité d'agriculture qui vous fait déjà tomber de sommeil. Vous feriez mieux de danser. »

Irais et moi avons frissonné de concert, et pâli de la tête aux pieds lorsque la malheureuse a osé s'emparer du livre et s'est enfuie à travers la pièce, le volume serré contre sa poitrine, en riant trop fort et en jetant par dessus son épaule des regards espiègles. Un pénible silence s'est abattu sur la pièce. Nous n'osions pas lever les yeux. L'Homme de Colère a fini par se lever très lentement. Il a fait tomber les cendres de son cigare, a regardé sa montre, et a regagné ses appartements d'où il n'est plus ressorti de toute la soirée. Depuis, Minora a définitivement renoncé à toute coquetterie avec lui.

« J'espère que vous écoutez, Miss Minora, a répété Irais. Cette conversation est fort instructive.

— J'écoute toujours lorsque les gens disent des choses intéressantes, a répondu Minora en tournant sa cuiller dans son vin chaud.

— Êtes-vous donc d'accord avec la définition que notre hôtesse vient de donner des femmes ?

— Non bien sûr. Femme et personne ne sont pas synonymes.

— Elle a raison pourtant. Nous n'avons pas d'existence légale dans ce pays. Savez-vous qu'ici les femmes n'ont pas le droit d'assister aux réunions politiques ?

— Vraiment ? »

Le calepin noir était apparu comme par enchantement.

« La loi interdit expressément la présence des femmes, des enfants et des déments.

— Les enfants et les déments, cela se comprend. Mais pourquoi les femmes ?

— Savez-vous, a repris Irais, que l'impériale des omnibus et des tramways est interdite aux femmes ?

— Je l'ignorais.

— Et pour quel motif? Vous ne le devinerez jamais.

— Je n'en ai pas la moindre idée.

— Parce qu'en montant l'escalier qui y mène, elles risqueraient de découvrir les bas qui couvrent leurs chevilles !

— Mais…

— Ignoriez-vous que le moral du peuple allemand est si bas qu'un pareil spectacle pourrait avoir sur lui les conséquences les plus funestes ?

— Mais comment la vue d'un bas…

— D'un bas à rayures !

— Et couvert de reprises !

— …pourrait-elle produire des effets aussi pervers ?

— *De la perversité du bas de soie*, ou bien *La morale expliquée par les jupons*, que penseriez-vous de ces titres pour votre livre sur l'Allemagne ?

— Je ne sais jamais si vous parlez sérieusement, a protesté Minora en laissant tomber son carnet noir.

— Vraiment ? » a dit Irais du ton le plus suave.

Se tournant vers l'Homme de Colère, alors très occupé à couper des citrons, Minora lui a demandé de trancher le débat :

« Les femmes allemandes n'ont-elles vraiment pas plus de droits que les enfants et les déments ?

— Non, et c'est très bien ainsi », a-t-il répondu du tac au tac.

Nous avons blêmi de concert.

« Vous êtes sans pitié, ai-je fini par murmurer.

— Ma chère, c'est la vérité qui est sans pitié, a-t-il repris avec une évidente satisfaction. Si on me demandait de rédiger un nouveau code de lois votre charmant babil suffirait à me convaincre d'y inscrire la même disposition. »

Minora elle-même n'a pu contenir son indignation.

« Voulez-vous dire que les femmes sont folles ? a demandé Irais.

— Folles ? Grands dieux non ! Mais vous n'êtes que des enfants — des enfants délicieuses m'empressai-je d'ajouter, et que j'ai le plus grand plaisir à écouter bavarder. Il vous passe par la tête des idées si baroques, si amusantes... Heureusement que personne n'y prête attention.

— Mais nos idées nous importent beaucoup ! s'est écriée Minora.

— Mettriez-vous en cause la profondeur de nos convictions ? a demandé Irais.

— Pour rien au monde ! Loin de moi l'idée de changer quoi que ce soit à vos profondes et délicieuses petites convictions. Votre crédulité fait la meilleure part de votre charme. Que deviendrions-nous si les jeunes femmes ne voyaient plus dans les faits que les faits, si elles renonçaient définitivement aux prestiges de l'illusion ? Une femme sans illusion, rien au monde de plus désolant. »

L'Homme de Colère, si silencieux d'ordinaire, rattrape régulièrement le temps perdu en se lançant dans des discours infinis. Il s'est carré contre la cheminée, son verre de *Glühwein* à la main. Minora, qui avait à peine entendu le son de sa voix depuis qu'elle était arrivée, a sorti son crayon et son carnet, prête à fixer pour l'éternité les paroles de sagesse qui ne pouvaient manquer de s'échapper de l'auguste bouche.

« Qu'adviendrait-il de la poésie si les femmes devenaient raisonnables au point de refuser d'entendre les fadaises qui servent d'accompagnement obligé à la manifestation de l'amour ? Vous convenez bien que l'amour fait dire, et écrire, force platitudes ? »

Il s'est tourné vers Irais.

« Oui, a-t-elle reconnu, ils répètent tous la même chose.

— Qui s'aventurerait à faire sonner des phrases creuses sur la grandeur et la beauté du commun sacrifice si l'imagination ne venait à point dissimuler aux femmes le fait qu'elles en sont les seules victimes ? »

Minora ne perdait pas un mot. Grand bien lui fasse !

« Qui serait assez téméraire pour assurer qu'il ne survivrait pas à un refus si on devait lui répondre qu'il a surtout besoin de surveiller son régime et de prendre de l'exercice ? Par leur crédulité les femmes sont responsables de toutes ces balivernes. Leur vanité sans borne leur fait complaisamment accueillir les flatteries les plus éhontées, et les hommes sont toujours prêts à débiter aux femmes exactement autant de balivernes qu'elles sont disposées à en entendre. Songez aux vibrantes déclarations de l'amoureux qui espère parvenir à ses fins mais n'a encore rien obtenu de sa belle. Tel un rossignol il va se lancer dans les trilles les plus risqués, moduler à l'infini les notes les plus touchantes, jusqu'à ce que sa constance ait été enfin couronnée. Dès lors plus de rossignol, plus de chanson ni de musique !

— Notez bien cela, a murmuré Irais à Minora qui noircissait son papier aussi vite qu'elle pouvait.

— La vanité des femmes est à ce point incommensurable qu'après avoir reçu cent preuves de l'inanité des serments les plus solennels elles n'en écoutent pas moins les flatteurs avec la même complaisance qu'au premier jour. Dès lors à quoi peuvent bien servir les avertissements d'une grande sœur de sens rassis ? Rien ne sert de dire à une femme qu'elle est le jouet des hommes, qu'on la trompe, qu'on l'humilie, qu'on se moque d'elle, car ce n'est pas vrai. Sa vanité seule est responsable de son sort, mais on ne peut espérer qu'une femme renonce jamais à ce qui donne couleur et saveur à sa vie.

— Ma chère Elizabeth, a déclaré Irais d'un air profondément choqué, je ne peux croire que vous ayiez prêté l'oreille à cent flatteurs avant de sceller votre destinée.

— Je dois avoir été une femme beaucoup trop raisonnable. Jamais je n'ai été la proie des flatteurs. »

Minora a poussé un long soupir.

« J'ai plaisir à vous écouter parler de la situation des femmes, a-t-il continué, mais quand donc comprendrez-vous que cette situation leur convient parfaitement ? Dès qu'elles seront prêtes à en changer, rien ni personne ne pourra s'y opposer. En attendant, seules quelques femmes de tête désirent vraiment devenir les égales des hommes, et les femmes de tête sont rarement jolies. Que veut une jolie femme ? Faire de l'homme son esclave, pas son égal. »

Irais, qui se considère comme une femme de tête, n'a pu s'empêcher de protester, mais a rougi jusqu'aux oreilles quand je lui ai rappelé qu'elle ne se lève jamais avant l'heure du déjeuner. Ses grasses matinées, dont je n'approuve nullement le principe, sont pour moi fort commodes car elles me permettent de vaquer au ménage en toute tranquillité, et dès qu'elle entreprend de me sermonner il me suffit d'évoquer sa mauvaise habitude pour qu'elle se fasse douce comme un agneau – elle qui n'est guère portée à la douceur.

« Une femme sans vanité n'aurait plus rien à redouter, a résumé l'Homme de Colère. Lorsqu'une jeune femme jette sa vertu par dessus les moulins, sa vanité seule est à blâmer, car en ces jours de bonne police nulle ne peut être contrainte au faux pas. Pour peu qu'un vil séducteur sache brandir avec constance l'étendard de la passion, et sussurer à l'oreille de sa belle les douceurs qu'elle affectionne, ni vertu ni religion ne troubleront un seul instant le bonheur de sa complice. L'expérience enseigne, malheureusement, qu'aucune religion ne saurait lutter contre une grande passion, et que les grands principes ne protègent jamais de la tentation.

– Qu'avons-nous à voir dans tout cela ? ai-je demandé sévèrement.

– Vous vous plaignez de nos lois. J'essaie de vous en faire comprendre les raisons. Des créatures habituées à toujours répondre oui aux propositions des hommes – alors que rien ne les y oblige et que cette soumission leur est parfois fatale –, ne sont évidemment pas des êtres doués de raison.

– Mon cher, jamais plus je ne vous dirai oui !

– Et je ne parle pas que de cette faiblesse fatale, a-t-il continué imperturbablement. Qu'est-ce, au fond, qui vous distingue des enfants ? Vous êtes plus âgées, mais certainement pas plus sages – en réalité vous perdez avec l'âge le peu de bon sens que vous aviez quand vous étiez enfants. Avez-vous jamais entendu des femmes avoir une conversation un peu sérieuse ?

– Oui, nous ! avons-nous répliqué aussitôt.

– Dans mes jours d'oisiveté il m'est arrivé de prendre plaisir à la conversation des femmes. La façon qu'elles avaient de médire de leurs amies absentes m'amusait, comme les petites piques qu'elles lançaient aux présentes. Je ne pouvais manquer de remarquer l'incrédulité boudeuse avec laquelle elles écoutaient le récit des conquêtes des autres, l'air conquérant qui accompagnait celui des leurs, et l'ennui profond qui se peignait sur leur visage dès lors qu'on abordait, par mégarde, un sujet d'intérêt général.

— Mais qui donc fréquentiez-vous ? a demandé Irais.

— Quant à la politique, jamais je n'ai rencontré une femme qui s'en soucie.

— Les enfants et les déments ne s'y intéressent guère non plus, ai-je fait remarqué.

— Et puis nous avons beaucoup trop peur qu'on nous jette en prison, a dit Irais.

— En prison ?

— Ne savez-vous pas, a dit Irais en se tournant vers elle, que si vous avez l'audace de parler de ces choses vous risquez sérieusement de finir en prison ?

— Pourquoi ?

— Pourquoi ? Parce que même si vos intentions étaient les plus innocentes du monde, les mots que vous emploieriez pourraient faire germer de mauvaises idées dans l'esprit pervers de vos auditeurs, ce qui aux termes de la loi suffit à constituer un *dolus eventualis*. Tout le monde serait horrifié et vous seriez promptement expédiée en prison. »

Minora n'en croyait pas ses oreilles.

« Ce n'est évidemment pas pour cette raison que vous refusez de discuter des affaires publiques, a dit l'Homme de Colère. Vous vous en désintéressez tout simplement, à moins que vous n'attachiez guère de prix à l'opinion des autres femmes, car vous vous pressez volontiers autour des hommes politiques. Il m'eſt arrivé de voir une jeune femme d'à peine vingt ans passer une soirée entière à boire les paroles d'un vieux miniſtre brûlant de zèle pour la cause du bimétallisme or-argent, qui lui en exposait la théorie dans les moindres détails.

— Sans doute lui avait-elle poliment demandé s'il avait un violon d'Ingres sans se douter que cette simple marque de courtoisie gâcherait sa soirée », a répondu Irais en se carrant dans son fauteuil.

Ses yeux lançaient des flammes, et elle battait impatiemment du pied l'épais tapis.

« Pas du tout. Elle voulait évidemment faire preuve d'un esprit supérieur. Mais ce qui m'a ſtupéfié, c'eſt qu'à l'issue de cette conversation elle était aussi sereine et aussi animée qu'au début de la soirée, alors que les exposés bimétalliſtes provoquent immanquablement l'assoupissement ou la rage de ceux qui les subissent.

— C'eſt qu'elle n'avait rien écouté du tout ! s'eſt écriée Irais, et votre étoile du bimétallisme n'a brillé que par son ridicule. Les femmes n'ont pas le monopole de la folie !

Brille brille, mon étoile,
Mon étoile aux deux métals.
Brille brille, folle étoile ! »

L'Homme de Colère n'a pas daigné relever cette effusion poétique:

« À l'évidence elle n'y avait pas compris grand chose.

— Et ce monsieur, croyez-vous qu'il y comprenait quoi que ce fût ? »

Irais était au comble de l'irritation.

« Il est clair que vous avez une bien piètre opinion des femmes, a dit Minora de sa petite voix. Irez-vous jusqu'à nier leur rôle bienfaisant au chevet des malades ?

— Si c'est aux infirmières que vous pensez, laissez-moi vous dire qu'il n'est pas un homme qui ne préférerait être soigné par sa femme qu'être abandonné aux mains d'une parfaite inconnue.

— Mais..., a bégayé Minora dont les illusions s'effondraient les unes après les autres, une chambre de malade n'est-elle pas le lieu où les qualités de compassion et de délicatesse qu'on reconnaît aux femmes trouvent le mieux à s'employer ?

— Compassion, délicatesse... jamais je n'ai rencontré ces aimables qualités dans une infirmière diplômée. L'expérience m'a appris que les infirmières à domicile sont en général des personnes fort désagréables qui profitent de leur supériorité momentanée pour humilier de mille façons la pauvre humanité souffrante. Quoi de plus mortifiant pour un homme que de devoir faire éponger son front brûlant de fièvre par une inconnue au tablier impeccablement blanc, à la cornette raidie par l'amidon ? Il donnerait la moitié de sa fortune pour récupérer ses vêtements, et probablement l'autre moitié pour qu'elle s'en aille et le laisse tranquille. Tout vient lui rappeler la toute puissance de l'infirmière. Si un ami passe le voir, il se sent obligé de chanter sur tous les tons la louange de l'Ennemie de peur qu'elle ne puisse l'entendre. Son âme ne lui appartient plus. Quant à son corps, il n'est pas sûr d'en avoir conservé la maîtrise. En dépit de tout ce qu'il a pu lire sur les « anges en blouse blanche », les jours heureux où il pouvait sonner son valet de chambre et mettre ses chaussettes tout seul lui paraissent aussi lointains que la maison paternelle après son premier trimestre de pension. »

Minora restait silencieuse. Le pied d'Irais s'agitait toujours d'avantage. L'Homme de Colère, lui, nous contemplait d'un air affable. Comment discuter avec quelqu'un qui croit si fort à son infaillibilité qu'il ne daigne pas se mettre en colère ?

« Si mes observations vous semblent infondées, a-t-il continué à l'intention d'Irais, si vous croyez toujours que ces femmes se dévouent inlassablement, par pure bonté d'âme, pour soutenir les malheureux patients dans leur marche hésitante vers la guérison ou la mort, je vous conseille de bien observer ce qui se passera chez vous la prochaine fois que quelqu'un aura le malheur d'y tomber malade. L'ange dont nous attendons le soulagement de nos douleurs ne ressemble guère à l'idée que nous nous en faisons. À un esprit non prévenu, cette créature apparaît surtout comme une jeune femme pleine d'assurance, justement soucieuse d'assurer ses aises, très prompte à se plaindre de la nourriture, douée d'une étonnante capacité à estimer qu'on lui manque de respect – ou plutôt qu'on ne lui reconnaît pas la place éminente qui est la sienne dans l'ordre social –, très tracassée à l'idée que les domestiques pourraient commettre l'erreur impardonnable de la traiter avec une certaine cordialité confraternelle, maussade dès que le patient a l'audace d'exiger d'elle davantage que ce à quoi elle s'attendait, et positivement désagréable s'il pousse la désinvolture jusqu'à la réveiller au milieu de la nuit – je ne me suis rendu coupable de ce très grave péché qu'une seule et unique fois ! Oh, les excellentes femmes... Quel homme dans son bon sens accepterait de remettre son sort entre les mains de ces anges ? Particulièrement lorsque, la maladie nous faisant toucher du doigt la misère de notre condition, nous avons besoin de toute notre énergie pour surmonter ce moment de faiblesse sans être obligé à des démonstrations d'amabilité envers l'ange du foyer.

– Je ne vous savais pas capable d'aussi longs discours, a dit Irais.

– Mais à quoi souhaiteriez-vous voir les femmes s'occuper ? » a commencé Minora d'une voix douce.

Le pied d'Irais recommençait à s'agiter. Quelle importance pouvait bien avoir l'opinion de l'Homme de Colère ?

« Tout le monde ne peut pas se marier, a repris Minora en rougissant.

— Sans doute, a répondu l'oracle. Tant que vous serez d'âge à nous plaire, soignez votre apparence et vos manières, mais que vous soyez belles ou laides, célibataires ou mariées, soignez votre cuisine ! De tous les arts c'est le culinaire qui apporte aux femmes respect et considération. »

Je restais silencieuse. Il n'est pas une femme en Allemagne qui ne sache cuisiner, même cette excentrique d'Irais. Je dois être une mauvaise Allemande puisque j'ignore jusqu'aux rudiments de la cuisine.

— Mais attention, n'oubliez jamais que l'excellent dîner que vous aurez préparé doit précéder les propos galants, et non les suivre. Aucun homme ne peut parler d'amour l'estomac vide. Proposez-lui de choisir entre un plat de *Spickgans* et des baisers de feu, il vous répondra probablement qu'il veut l'un et l'autre. Mais soyez assurées qu'il commencera par les *Spickgans* et que les baisers attendront. »

C'est alors que je me suis levée, Irais m'emboîtant le pas.

« Votre cynisme est révoltant, ai-je dit d'un ton glacial.

— Bien entendu, rien de ce que je viens de dire ne saurait s'appliquer à vous », a-t-il dit en souriant aimablement.

Puis il s'est cassé en deux pour baiser la main d'Irais. Très fière de ses mains, celle-ci prétend que son mari l'a épousée à cause de leur beauté. Je le crois volontiers, et préfère de beaucoup que ce soit elle qui en soit pourvue plutôt que Minora, dont m'attendrissent toujours les mains tout en os, aux phalanges épaisses, aux ongles négligés, aux poignets trop forts. Cela ne l'a pas empêchée d'avancer la main droite pour se la faire baiser elle aussi.

« Saviez-vous, a demandé Irais en voyant son mouvement, que c'est la coutume ici de baiser la main des femmes ?

— Seulement celle des femmes mariées », ai-je ajouté pour la mettre à l'aise, jamais celle des jeunes filles.

Elle a précipitamment retiré sa main.

« La jolie coutume... », a-t-elle soupiré avant de noter scrupuleusement ce détail pittoresque dans son grand carnet.

15 janvier. — Les factures de mes roses, de mes bulbes, de toutes mes folies horticoles, étaient étalées sur la table lorsque je suis descendue prendre le petit déjeuner. Elles m'ont fait bien peur. Je me rends compte du prix exorbitant d'un jardin lorsqu'on doit le payer avec son argent de poche. L'Homme de Colère, qui n'a pas la moindre envie de voir se multiplier roses, arbustes, plantations et allées nouvelles, se refuse absolument à ouvrir les cordons de sa bourse pour mon cher jardin. Aussi ai-je dû renoncer à toute toilette un peu brillante, ce qui m'aide à pratiquer la vertu d'humilité. Entre robes et rosiers jamais je n'hésite, et je vois venir l'époque où je serai contrainte de vendre mes dernières parures. Le jardin est si vaste que je dois tout acheter en gros et que je crains de ne plus pouvoir me contenter d'un jardinier et demi. Plus je plante, plus il me faut arroser – on n'a pas idée de la sécheresse du climat –, et l'unique pompe est si proche de la maison qu'on est obligé d'aller et venir tout le jour pour y remplir une minuscule arroseuse. Ceux qui vivent sous les cieux cléments de la verte Angleterre ne peuvent imaginer ce que c'est que la sécheresse qui règne ici. Il arrive qu'il ne tombe pas une goutte de pluie pendant plus d'un mois, et la couche de terre est si mince qu'après le plus violent orage je peux parcourir les allées en chaussures légères, alors que le jardin aurait besoin d'une bonne journée de pluie tous les trois ou quatre jours. Je ne peux me ravitailler en eau qu'à la pompe près de la maison, ou dans le petit ruisseau qui borde le jardin à l'est mais est presque toujours à sec (et de toute façon fort difficile d'accès car ses rives couvertes de myosotis sont extrêmement abruptes). Il n'existe dans tout le jardin qu'une parcelle de terre grasse, limoneuse, où j'ai décidé de planter des bouleaux argentés, comme dans le *Hirschwald*, avec des azalées entre les arbres. Partout ailleurs on ne trouve que du sable, ce qui devrait beaucoup mieux convenir aux pins et aux acacias qu'aux roses, et pourtant – miracle de l'amour ! – les roses sont dans mon jardin en écrasante majorité. Au printemps prochain, des arbres auront été plantés dans tous les endroits encore nus : des pins, derrière les délicats acacias, des sorbiers d'Amérique, des chênes, des hêtres pourpres, des érables, des mélèzes et des genévriers – n'est-ce pas le prophète Élie qui s'est reposé à l'ombre d'un genévrier ? Souvent je me suis demandé comment il s'y était pris pour s'installer sous ce petit arbre râblé qui ne dépasse pas un mètre. Mais peut-être étaient-ils plus hauts à l'époque biblique. Lorsque les fillettes seront grandes tout sera magnifique autour d'elles mais elles s'en moqueront peut-être, et pour peu qu'elles aient hérité l'indifférence de l'Homme de Colère elles laisseront le jardin revenir à l'état sauvage. Peut-être même leurs maris refuseront-ils tout net de venir vivre ici, voire de jamais se rendre dans un endroit si désolé, auquel cas seraient définitivement comptés les jours de mon jardin d'Eden. Je me console en pensant que les maris se trouvent difficilement au milieu des déserts, et que mes trois petites devront attendre encore quelque temps avant de prendre leur volée. Toutes les mamans des alentours me disent que c'est une tâche quasiment herculéenne de trouver un mari, et je n'ose penser à ce que je devrai faire pour en trouver trois ! Mes petites sont si rapprochées qu'elles sont presque jumelles. Mais je n'ai nullement l'intention de me mettre en quête de maris. Je n'imagine rien de plus ennuyeux qu'un gendre, et je ne suis pas sûre que toute jeune femme ait besoin d'un mari. Pendant les quelques années où elles vivront avec moi je m'efforcerai seulement de leur apprendre l'amour du jardin, de la vie au grand air, et même du travail de la ferme, espérant qu'elles tiendront assez de leur mère pour se contenter de cette simple vie. Mais je n'ai que bien peu de chances de réussir, et je redoute déjà l'époque où je devrai les conduire au milieu de l'hiver jusqu'en des villes lointaines pour les besoins d'un bal – moi, leur pauvre vieille mère, toute tremblante de froid dans ma robe de bal, obligée de courir les routes après le déjeuner pour ne rentrer que le lendemain à l'aube ! Elles ont d'ailleurs l'intention bien arrêtée de participer à des « sorties », comme elles disent. Le bébé d'avril a même décrété qu'elle commencerait dès qu'elle aurait atteint douze printemps. « Est-ce que tu as douze ans, maman ? » m'a-t-elle demandé.

Le jardinier nous quitte le premier avril et j'essaie désespérément de lui trouver un remplaçant. Ce sera le quatrième en deux ans, et chaque fois mes plantations en souffrent autant que mes plans grandioses. Des semences se perdent, des plantations ne sont pas faites à temps, ou bien sont effectuées deux fois, et la confusion du jardin n'a d'égal que mon désespoir. Mais il devait épouser la cuisinière qui a aperçu un fantôme et s'est immédiatement enfuie. Depuis, il ne songe qu'à la rejoindre et ne fait plus rien de bon. Qu'a-t-elle donc *vu* ? Des portes fermées à clef qui s'ouvraient avec un grand bruit de ferraille du côté des gonds, avant qu'un être invisible ne l'accable d'injures.

Ces phénomènes sont désormais qualifiés de « fantomatiques ». La cuisinière a demandé à quitter immédiatement sa place en arguant du fait que c'était le premier fantôme auquel elle était confrontée. J'ai eu beau la prier d'essayer de s'y habituer elle m'a assuré que cela ne servirait à rien, et elle avait l'air si bouleversée que j'ai préféré la laisser partir. Pourquoi les cuisinières sont-elles les seules à assister à de pareils spectacles ? J'en ai eu deux par la suite, et elles jurent qu'elles aussi ont vu le fantôme. Depuis ce malheureux événement Minora a le plus grand mal à aller se coucher. Tous les prétextes lui sont bon pour prolonger la soirée, et deux fois déjà elle a demandé à Irais si elle n'avait pas peur de dormir seule.

« Si c'était le cas je serais heureuse de vous tenir compagnie. Cela ne me dérangerait nullement. Je vous l'assure... »

Mais Irais n'est pas femme à se laisser abuser par de pareils stratagèmes, et préférerait mille fois dormir avec le fantôme qu'avec Minora.

Le retour inopiné de Miss Jones au chevet de sa mère m'a rendu mes enfants. J'en suis si heureuse que j'ai envisagé de me passer de gouvernante pendant un an ou deux. Malheureusement cela me ferait tomber sous le coup de la loi, ce que tout véritable Allemand tente d'éviter sa vie durant. Le bébé d'avril aura six ans l'année prochaine. Nous devons donc nous attendre à tout moment à une visite de l'inspecteur des écoles. Je frémis à l'idée du sort qui guetterait les malheureux parents que nous sommes si nous persistions dans notre folie. Une amende serait trop douce pour des criminels tels que nous, et la réclusion dans un sombre donjon nous menacerait à très court terme. La crainte de la prison est consubstantielle à la nature des Allemands qui estiment devoir se conduire avec la plus grande circonspection s'ils veulent se contenter de payer pour leur entretien sans risquer de se retrouver entre leurs quatre murs. Aussi la plupart des personnes cultivées n'osent elles pas négliger d'enseigner à leur progéniture les rudiments du calcul et de l'écriture et se préparent-elles bravement à la visite de l'inspecteur. Mais au fond, ces soucis nous font beaucoup de bien. Un philosophe de mes amis prétend qu'en tout état de cause le souci est le propre de l'homme, et que la loi nous considère tous comme des pécheurs dont l'innocence est sans cesse à prouver.

Après avoir vainement essayé d'éviter les enfants, Minora s'est résignée à leur consacrer un chapitre de son livre. Elle les a donc accompagnés partout, a assisté à leur réveil comme à leur coucher, a tenté d'avoir avec eux des conversations sur des sujets d'intérêt général, et est allée jusqu'à descendre au jardin pour se faire traîner avec eux dans une luge par un de nos grands chiens. Ce manège a duré trois jours, après quoi elle a entrepris d'en taper le compte rendu sur la machine de l'Homme de Colère, ainsi qu'elle le fait dès qu'un de ses chapitres est à ses yeux assez « mûr » pour qu'elle se décide à le « mettre en forme ». Elle tape absolument tout ce qu'elle écrit, y compris ses lettres personnelles.

« N'oubliez pas de parler de l'importance du genou des mères, a dit Irais. C'est absolument essentiel !

— Non, bien sûr, je ne manquerai pas de le mentionner en bonne place.

— Et des petits doigts de pied roses », ai-je ajouté.

Leurs doigts de pied sont fort nombreux, et je n'en connais que de roses.

« Je dois avoir quelque chose dans mes notes là-dessus, a répondu Minora en reprenant son grand carnet.

— Les bébés ne sont pourtant pas une spécialité allemande ce me semble, a repris Irais. Pourquoi tenez-vous tellement à en faire mention dans un livre sur l'Allemagne ? Les enfants d'Elizabeth sont fort bien pourvus en bras et en jambes, mais je peux vous assurer qu'ils n'en possèdent pas plus que s'ils étaient anglais.

— Mais ils sont forcément différents ! À force de vivre dans un endroit pareil, de manger toutes ces choses bizarres, de n'être jamais malades ... Des enfants qui n'ont pas eu la rougeole ne peuvent pas ressembler aux autres. Ils ont dû intérioriser la maladie d'une façon ou d'une autre. Et vous ne me direz pas qu'un enfant nourri au pudding a quoi que ce soit de commun avec celui qui s'est gavé de *Spickgans* et de saucisses. Ils sont différents, j'en suis convaincue, et si je réussis à rendre compte de ces trois jours passés avec eux peut-être réussirai-je à faire comprendre la nature de cette différence.

— Pourquoi vous encombrer de tout ce tralala ? Moi je me contenterai d'un petit discours sur les genoux des mamans et les orteils roses des tout-petits.

— Mais comment voulez-vous que je m'y prenne ? Je connais à peine les enfants.

— Pourquoi écrire sur eux dans ce cas ? a demandé cette personne de grand bon sens qu'est, au fond, Elizabeth.

— Je ne sais rien de plus que vous, n'ayant pas d'enfant moi-même, a dit Irais, mais je vous assure que rien n'est plus facile que d'écrire sur les enfants. Je suis persuadée qu'en une heure je réussirais à tourner une bonne douzaine de petits textes tous plus émouvants les uns que les autres. »

Aussitôt dit, aussitôt fait. Irais s'est assise au bureau et a couvert de sa petite écriture le verso d'une vieille lettre. Après cinq minutes elle a soumis à Minora le résultat de ses méditations.

« Voilà ! Tout y est. Orteils roses compris. »

Minora a chaussé ses lunettes et s'est mise à lire à haute voix :

« Lorsque mon bébé ferme ses petits yeux et chante ses cantiques avant de s'endormir, mon cœur las s'emplit d'émotions. Toutes sortes de souvenirs m'envahissent en foule — les miens, mais aussi ceux de ma propre mère — il y a si longtemps ! Souvenirs du bonheur d'être démaillottée et mise au berceau sans être réveillée. Souvenirs aussi des anges auxquels je croyais si fort ; de ces petits enfants descendus du ciel avec leurs ailes qu'ils risquaient de perdre s'ils se conduisaient mal, de tous ces contes absurdes que j'ai entendus sur les genoux de ma mère et que je raconte pieusement à mon propre bébé. Il n'a aucune idée de la beauté de mes récits, ouvre de grands yeux lorsqu'il est question du ciel dont il vient de descendre, et se montre fort rassuré par le pain et le lait de son goûter. À deux ans il paraît beaucoup mieux comprendre le pain et le lait que les anges. À dix ans il se rend compte que pain, lait et anges sont également des gâteries superflues. Par la suite il n'acceptera plus les vérités toutes faites, exigera de penser par lui-même et s'efforcera de devenir un être fort, pur et bon... »

— Comme le thé, a expliqué Irais.

« ... Mais jamais il ne retrouvera si peu que ce soit le charme de ces instants où il chantait ses cantiques les yeux fermés, perché sur les genoux de sa maman. Que j'aime assister aux rites mystérieux de son coucher ! Sa mère le baigne elle-même car il ne saurait être confié à une gouvernante, et l'enveloppe dans une grande serviette de bain dont seuls émergent ses petits orteils roses. Lorsqu'il a été talqué de la tête aux pieds, peigné, sanglé dans sa chemise de nuit, et que ses oreilles luisent de propreté, on l'installe dans le giron de sa mère, petite boule de chair parfumée dont le visage apaisé est à l'image de celui de sa mère tandis qu'il répète sa prière du soir. »

« Comme c'est curieux ! a dit Minora lorsqu'elle a terminé. C'est exactement ce que je m'apprêtais à écrire.

– Si cela peut vous aider, je mets ce chef-d'œuvre à votre disposition.

– Mais vous n'avez pas le cœur las, Miss Minora ! me suis-je exclamée.

– Au contraire je pense que cela conviendra parfaitement. On ne doutera plus que le livre ait été écrit par un homme. Vous savez que je pense prendre un pseudonyme masculin.

– C'est bien ce que je pensais. Vous vous ferez appeler John Jones ou George Potts pour bien marquer que vous n'avez aucune pitié particulière pour les faiblesses des pauvres femmes.

– Ma chère Elizabeth je suis de plus en plus persuadée que nous sommes en train d'écrire son livre à sa place, a dit Irais lorsque nous avons entendu la machine à écrire de Minora cliqueter dans la pièce voisine. Elle prend note de nos moindres propos. Pourquoi cette complaisance envers les enfants ? N'avez-vous rien appris sur les genoux de votre mère ? Moi non. Il est vrai que c'étaient ceux de ma belle-mère, et qu'il ne viendrait à l'idée de personne d'en chanter les louanges.

– Ma mère était toujours partie pour des soirées, ai-je renchéri. C'est une gouvernante française qui me faisait réciter mes prières.

— Quant aux rites du bain et du talc, on ne les pratiquait pas encore dans mon enfance. Je ne me souviens d'aucune salle de bains, ni d'aucune baignoire. On nous nettoyait la figure et il y avait une bassine pour nous laver les pieds dans notre chambre. En été on nous expédiait au lit aussitôt le bain pris pour nous éviter de prendre froid. Ma belle-mère ne s'en souciait pas le moins du monde. Elle portait des robes roses sur des dessous de dentelle, et les robes étaient de plus en plus somptueuses au fur et à mesure qu'elle vieillissait. Quand s'en ira-t-elle ?

— Qui ? Minora ? Je ne le lui ai pas encore demandé.

— Alors c'est moi qui le ferai. Comment peut-elle abandonner son art pendant plus de trois semaines ? Il y a vraiment trois semaines qu'elle est ici ?

— Oui, elle est arrivée à Nassenheide le même jour que vous. »

Irais est restée silencieuse. J'espère qu'elle songeait à son pauvre mari malade, abandonné lui aussi depuis trois grandes semaines. Elle n'a que trop tendance à oublier son foyer et ses affaires pour bavarder avec moi du matin au soir, lire, chanter, se moquer de tout et de tout le monde, embrasser les bébés et faire semblant de se quereller avec l'Homme de Colère. Je l'adore, bien entendu — qui n'aimerait une femme aussi jolie ? — mais il ne faut pas abuser des bonnes choses, et le mois prochain les couloirs et les communs doivent être passés à la chaux. Tous ceux qui ont dû faire blanchir l'intérieur de leurs maisons comprendront qu'il ne saurait plus dès lors être question de dîners, ni de ces salades pleines de cumin qui font ses délices. Je vais entreprendre de lui redonner le sentiment de son devoir en m'enquérant chaque jour de la santé de son mari. Elle n'a guère d'affection pour lui car en dépit de ses demandes répétées il s'obstine à ne pas se précipiter pour lui tenir la porte dès qu'elle manifeste l'intention de quitter une pièce. Un jour elle a été invitée chez un Anglais dont la virtuosité en matière de maniement de chaises et de portes l'a si vivement impressionnée qu'elle n'a plus laissé son mari en paix depuis et qu'une porte ouverte lui semble symboliser l'échec de son mariage. C'est du moins ce qu'elle m'a avoué un jour en confidence. Son mari est un petit homme parfaitement inoffensif, d'une extrême gentillesse, à la conversation agréable et même amusante, mais qui s'estime maintenant trop âgé pour changer ses habitudes. Comme tout homme qui se respecte, il partage en outre avec l'Homme de Colère un refus obstiné de toute amélioration dès lors que celle-ci a été suggérée par sa femme. Croiriez-vous que mon mari s'entête à tenir son verre de la main gauche — ce qui ne lui procure aucun plaisir particulier —, de peur que ses amis et connaissances puissent colporter l'idée que le mariage l'a rendu meilleur ? Cette mauvaise habitude est chaque jour cause de querelles avec l'un des enfants.

« Ma petite je te prie de tenir ton verre de la main droite.

— Mais papa ne le fait pas.

— Quand tu auras l'âge de papa tu feras tout ce que tu voudras. »

Hier Minora a ajouté un nouvel et puissant argument en faveur des bonnes manières.

« Songez à ce qui se passerait si tout le monde tenait son verre de cette façon. »

Le bébé d'avril en est restée durablement impressionné.

28 janvier. — Il fait extrêmement froid — moins quinze degrés Réaumur —, mais le temps est si beau qu'on se sent plein d'énergie et d'amitié pour le monde entier. Les deux jeunes dames sont toujours ici, mais l'air est si enivrant que leur présence ne me gêne plus. Elles ont d'ailleurs l'une et l'autre annoncé leur départ, de sorte que je peux faire chauler mes murs en toute quiétude et faire endosser à toute la maison sa tenue de printemps.

Minora a peint mon portrait et pense l'offrir à l'Homme de Colère comme cadeau d'adieu. Le fait d'avoir accepté sans barguigner les interminables séances de pose me paraît prouver de façon irréfutable que je suis inaccessible à la vanité. Lorsqu'Irais a vu le tableau elle est partie d'un rire inextinguible et a commandé le sien sans tarder afin de l'offrir à son mari dont l'anniversaire a lieu au mois de février. Que cet anniversaire soit béni à jamais ! Sans lui je crois qu'elle ne serait jamais partie. Heureusement les anniversaires sont en ces contrées des fêtes solennelles qui ne sauraient passer inaperçues et que l'on célèbre devant une foule d'amis et connaissances venus de tous les coins du pays vous assurer que vous êtes en pleine forme et que c'est à peine croyable et que c'est merveilleux. On se rassemble autour d'une sorte d'autel sur lequel on procède à l'offrande rituelle des années de votre vie sous forme de petites bougies roses et blanches brûlant sur un énorme gâteau dégoulinant de confiture. Autour du gâteau et des bougies sont disposés sur une grande table les cadeaux que les personnes présentes sont bien obligées de faire. Mon anniversaire tombant au milieu de l'hiver on m'offre invariablement des moufles, des buvards et des cadres pour photographies. S'il avait lieu en été je recevrais seulement les buvards et les cadres. Quoi qu'il en soit, tous les cadeaux doivent être reçus avec les marques de la gratitude la plus bruyante, des exclamations sonores, et une abondance de *entzückend*, *reizend*, *herrlich*, *wundervoll*, et surtout de *süss* répétés à l'infini jusqu'à ce que la malheureuse *Geburtstagskind* soit intimement persuadée qu'une année s'est écoulée et qu'elle est devenue plus vieille, plus sage, et ennemie de toute folie. On hisse un drapeau, et pendant une matinée entière le rite est célébré à force de parts de gâteau, de toasts, de discours et de mains secouées le plus énergiquement possible. Les pasteurs des environs sont tous là — pendant que personne ne les regarde leurs épouses comptent les bougies du gâteau. L'énergique châtelaine du *Schloss* voisin trouve le temps de m'envoyer un pot de fleurs et vérifie mon âge dans l'*Almanach de Gotha*. Une délégation de fermiers menée par l'inspecteur-chef en gants de chevreau blanc appelle la bénédiction du Ciel sur la tête de sa chère maîtresse. Les enfants, dans leur coin, sont ravis d'essayer successivement toutes les paires de moufles. Le soir on offre un dîner aux notabilités du pays et à ses connaissances, ce qui est l'occasion de nouveaux toasts et de nouveaux discours, et le lendemain matin il faut affronter la vue de l'autel du sacrifice, couvert de miettes et de cire fondue, car on ne saurait le faire disparaître plus tôt sans donner la preuve d'un manque de sensibilité particulièrement blâmable chez une femme. Tous les anniversaires se passent de cette manière, au point que de plus en plus de gens entreprennent un petit voyage dès que le leur approche. J'aurais volontiers adopté cette façon de faire si les voyages à la campagne, ou au bord de la mer, ne manquaient de charme en plein mois de décembre, et si les villes n'étaient pas remplies de gens de connaissance qui ne manqueraient de faire surgir le gâteau redouté du tréfonds de leur débordante affection.

J'espère avoir bien fait comprendre à mon lecteur qu'Irais et moi nous estimons très supérieures au reste de l'humanité. S'il en fallait une nouvelle preuve on la trouverait dans la façon dont nous avons su échapper au piège des rites d'anniversaire. Il y a bien des années — nous n'étions mariées ni l'une ni l'autre —, je lui ai envoyé un petit chandelier de bronze pour son anniversaire ; quelques mois plus tard c'était le mien, et elle m'a fait cadeau d'un carnet de notes. N'ayant rien écrit dessus, je le lui ai offert à son prochain anniversaire ; elle m'a remerciée dans la grande tradition et quand mon tour est venu j'ai reçu le chandelier. Depuis nous échangeons régulièrement ces deux objets, ce qui a résolu une fois pour toutes, et aux moindres frais, l'épineuse question des cadeaux. Lorsque vient le moment des anniversaires nous nous écrivons donc de splendides et très émouvantes lettres de remerciement.

Ce temps splendide, qui fait se réjouir tout simplement de vivre et empêche de passer ses journées au coin du feu, dure depuis plus d'une semaine maintenant. Nous nous consacrons à la luge et au patinage, surtout au patinage d'ailleurs, que rend merveilleux ici l'existence d'un grand nombre de petits canaux qui communiquent avec le lac et la rivière. Tout est gelé en profondeur, ce qui nous permet de patiner pendant des *miles* sans avoir à revenir sur nos pas. Irais patine comme une déesse, et seule ma modestie naturelle m'empêche d'en dire autant à mon propos. Cela étant, je dois reconnaître que tous les Allemands sont d'excellents patineurs, tout simplement parce qu'ils peuvent patiner tout leur saoul pendant trois ou quatre mois chaque année. Minora est chaque fois surprise d'être laissée loin derrière nous et de n'arriver à l'endroit où le thé est servi qu'une bonne demie heure après nous. Par endroits les berges des canaux sont si hautes que seules nos têtes dépassent, et Minora n'a pas manqué de noter dans son livre quel curieux spectacle offrent ces trois têtes de femmes dérivant au milieu des champs. Lorsque les berges se font plus basses nous apparaissons, avec ou sans nos jambes, parmi les champs labourés de frais. Avant de partir je décide d'un endroit où un traîneau nous attendra avec le thé pour nous ramener à la maison, car il est aussi désagréable de patiner contre le vent qu'il est délicieux de le sentir dans son dos, et la marâtre Nature règle sa direction sans le moindre égard pour nos commodités.

Hier, pour changer, nous sommes allées pique-niquer au bord de la Baltique gelée. J'ai un faible marqué pour les pique-niques, surtout en hiver lorsque les moustiques cessent enfin de nous tourmenter et que les fourmilières sont au repos. Et de tous mes lieux de pique-niques favoris le rivage de la Baltique est le plus cher à mon cœur. Comme il se trouve à plus de trois heures de voiture, l'Homme de Colère se répand en protestations préventives dès que le temps réunit les conditions spéciales dont la conjonction annonce immanquablement cette expédition si particulière. La neige doit être épaisse, le froid vif, le vent nul et le ciel sans nuage. Si, au réveil, je constate que ces conditions sont réunies, il faudrait des circonstances extraordinaires pour m'empêcher de faire préparer le traîneau. Je reconnais que c'est une dure journée pour les chevaux, mais à quoi bon posséder des chevaux si ce n'est pour qu'il vous emportent où vous le souhaitez au moment précis où vous le souhaitez ? Et pourquoi les chevaux ne connaîtraient-ils pas de dures journées comme cela nous arrive à tous ? L'Homme de Colère affecte le plus grand mépris pour ces pique-niques, étant parfaitement indifférent à la nature, aux bras de mer gelés, et à la beauté d'une forêt qui ne lui appartient pas. Le moindre des navets, pourvu qu'il pousse sur ses terres, lui paraît infiniment plus beau que le plus haut, le plus rose, le plus droit des pins couronnés de neige qui se dressent dans le soleil levant. Admirez à cette occasion la supériorité manifeste de la femme qui, après avoir admiré la beauté du pin, rentre tranquillement chez elle manger le navet. Lui n'est venu qu'une seule fois et s'est comporté d'une façon si outrageusement blasée que je ne l'ai plus jamais invité. L'endroit est splendide, en lisière d'une forêt qui s'étend à l'infini au bord de la mer. On la traverse sur une profondeur de plusieurs *miles* avant de déboucher, au sortir d'une avenue voûtée d'arbres colossaux, sur la mer luisante piquetée par les voiles des barques de pêche qui paraissent orangées sous le soleil. Chaque fois que je m'y suis rendue le silence était si profond que je pouvais entendre les battements de mon cœur. En été on n'entend que le vrombissement des insectes et, par moments, le cri d'un geai solitaire, mais en hiver l'endroit semble figé dans un silence de mort.

Point de paradis sans serpent, pourtant. Ici ce sont les moustiques qui infestent la forêt pendant la saison classique des pique-niques, à tel point que ceux de mes visiteurs que j'ai eu le malheur d'y conduire ont invariablement perdu leur sang-froid et fait retentir le rivage entier de leurs lamentations. Ces insectes aussi méprisables qu'irritants paraissent n'avoir rien d'autre à faire que de s'installer en grand nombre sur le sable et d'attendre que la Providence leur fournisse une proie. Dès qu'une voiture apparaît ils se précipitent sur elle comme pour nous entraîner de force, et ne nous quittent que lorsque la voiture prend le chemin du retour. La vue sur la mer depuis le promontoire moussu et couronné de pins où l'on pique-nique ; l'admirable plage qui s'étend aussi loin que porte le regard ; les voiles qu'on aperçoit contre le bleu du ciel ; la fraîcheur, la lumière, l'immensité du lieu — rien de tout cela n'existe aux yeux de pique-niqueurs dont toute l'énergie est mobilisée pour le combat contre les envahisseurs. Peut-être, si je n'étais plus la seule à faire visiter cet endroit, les moustiques seraient-ils moins affamés et moins heureux de nous voir arriver. Mais l'avantage de mon monopole est de pouvoir transformer ce site en un piège diabolique pour mes visiteurs lorsque ceux-ci ont tendance à s'incruster, laissent traîner mes livres dans le jardin la nuit, ou pour une raison quelconque se sont rendus indésirables. Un matin de grande chaleur, lorsque tout un chacun se traîne encore, je propose un pique-nique au bord de la Baltique. Jamais cette suggestion n'a manqué de soulever l'enthousiasme de mes auditeurs.

« La Baltique ! Mais vous nous aviez caché que la mer était si proche... Ce serait divin de pouvoir respirer un peu d'air marin un jour comme aujourd'hui. Rien que d'y penser on se sent revivre ! Voir la Baltique, on en rêverait ! Emmenez-nous, nous vous en prions à deux genoux ! »

Je les emmène donc, et les conséquences ne se font pas attendre.

Mais, par un beau jour d'hiver, ma conscience est aussi pure que l'air glacé, et hier matin nous sommes parties dans les meilleures dispositions, Minora elle-même riant à gorge déployée à la moindre occasion. Seuls nos yeux étaient visibles au milieu de l'amas de fourrures et de lainages qui enveloppaient nos têtes afin de leur éviter de perdre, qui sait, une oreille ou un nez en chemin, et pendant les deux premiers *miles* nous n'avons cessé de rire de l'accoutrement de nos voisines — je ne mentionne cela que pour montrer l'effet d'un froid intense sur des corps en bonne santé, et pour inviter un chacun à mettre son nez dehors au lieu de rester claquemuré chez lui. En traversant le village le plus proche nous avons fait claquer notre fouet et sonner nos clochettes sans attirer l'attention d'aucun être vivant, à l'exception d'un poulet au plumage ébouriffé qui nous a regardé d'un œil torve, comme s'il désapprouvait notre façon de filer sur la neige craquante.

« Stupide volatile, s'est écriée Irais, poulet en gelée à coup sûr tu seras si tu restes planté au milieu de la rue ! Ne sais-tu pas qu'en cette saison nous n'aimons les poulets que rôtis ? »

Nous avons tous éclaté de rire, comme si la plaisanterie était irrésistible, et en un instant nous étions hors du village. Mon jardin et ma maison paraissaient déjà bien lointains sous le soleil, et devant nous s'ouvrait l'immense espace de la forêt, avec ses pins et les quatorze *miles* qui nous séparaient encore de la mer. C'était une journée de froid intense. La forêt semblait enchantée. Irais et moi avons maintes fois parcouru ce chemin, et pourtant la beauté de l'endroit nous a saisies à la gorge lorsque nous avons dépassé les derniers arbres gelés. L'eau était gelée jusque fort loin dans la mer, après quoi une épaisse ligne bleue ouvrait un espace libre où l'on apercevait des voiles immobiles ; à nos pieds s'étendait une étroite bande de sable jaune pâle ; nous avions l'impression d'être au cœur d'un monde couleur de diamant. L'immobilité d'un dimanche éternel semblait s'être imposée à tout le paysage comme une bénédiction.

Minora a rompu le silence en faisant remarquer que Dresde était une fort belle ville, mais que le spectacle de la nature à cet endroit était éblouissant.

D'une voix étouffée, comme si elle se trouvait dans un lieu consacré, Irais lui a demandé comment elle osait seulement faire cette comparaison.

« Évidemment il est plus facile de vivre à Dresde », a cru bon de répondre Minora.

Après cela nous avons jugé que le moyen le plus simple de lui fermer la bouche était de lui donner à manger. J'ai fait dételer les chevaux. On leur a jeté une couverture sur le dos et on les a emmenés faire le tour d'une clairière toute proche pendant que nous pique-niquions dans le traîneau. C'est effectivement une dure journée pour des chevaux qui parcourent près de trente *miles* avant de retrouver l'écurie, mais ils sont si gras et si gâtés qu'il ne peut pas être mauvais pour eux de se frotter aux difficultés de la vie. J'ai fait réchauffer la soupe à l'aide d'un petit appareil spécialement conçu pour ce genre d'occasion, ce qui a dégelé les sandwiches – le seul véritable inconvénient d'un pique-nique d'hiver est d'être obligé d'ingurgiter des nourritures à peine tièdes quand tout ce qu'on désire est un bon plat chaud. Minora a précautionneusement sorti le bout de son nez, a vite avalé une bouchée, puis s'est emmitouflée de nouveau. Elle semblait craindre les effets du gel sur un nez qu'elle a fort joli, je dois le reconnaître, et qui le serait davantage encore au milieu d'une autre figure car elle ignore l'art de porter le nez avec esprit.

Rien n'est plus difficile que de manger des sandwiches quand on a les mains couvertes d'énormes gants de laine et de fourrure. Nous avons mangé beaucoup de fourrure, et toussé d'abondance. Minora, très agacée, a enlevé un gant mais a dû bien vite le remettre.

« Comme c'est mal commode, a-t-elle remarqué après avoir avalé un morceau de fourrure plus gros que les autres.

— Cela tiendra chaud à vos tuyaux ! a dit Irais.

— Mes tuyaux ? s'est exclamé Minora, qui est restée un instant sans voix devant pareille vulgarité.

— Je crains de ne rien pouvoir pour vous, ai-je dit tandis qu'elle continuait à s'étrangler. Nous sommes toutes dans le même cas et je ne sais vraiment pas quoi faire.

— Vous avez pourtant bien entendu parler des instruments appelés fourchettes ! a aboyé Minora.

— Vous avez mille fois raison, ai-je dû reconnaître. »

Mais les fourchettes les plus proches étaient à plus de quinze *miles* de distance, et elle a continué à manger avec ses gants.

Lorsque nous avons terminé, le soleil avait déjà disparu derrière la cime des arbres et les nuages se coloraient légèrement de rose. Le vieux cocher a reçu sa part de sandwiches et de soupe, et pendant qu'il faisait tourner les chevaux en tenant les rênes d'une main et son déjeuner de l'autre, nous avons plié bagage. Ou plutôt j'ai plié bagage tandis que mes compagnes me fournissaient généreusement leurs avis éclairés.

Ce cocher, qui s'appelle Pierre, a soixante-dix

ans. Il est né sur le domaine et a conduit tous ses occupants depuis plus de cinquante ans. Je lui suis aussi attachée qu'au vieux cadran solaire, et ne saurais que faire sans lui tant il met de bonne grâce à seconder mes moindres désirs. Si j'ai décidé de me rendre quelque part il ne trouve jamais la route trop longue, le temps trop menaçant ou les chevaux trop fatigués, et sait à merveille écarter les objections de l'Homme de Colère qui, à cause de sa complaisance envers moi, ne l'appelle plus que *alter Esel*. En été, quand le temps est beau, j'aime me faire conduire dans les forêts parfumées. Lorsque nous parvenons dans un endroit bien sombre je reste de longs moments à écouter les rossignols qui gazouillent à l'infini leur ritournelle, ou bien, lorsque les rossignols se taisent, laisse le merveilleux silence m'envahir jusqu'au fond de mon âme. Les rossignols de nos forêts chantent tous la même chanson, et tous en mi mineur . Est-ce là une particularité de notre région ? J'avoue que je l'ignore. Après avoir lancé leur phrase ils se râclent un instant la gorge, hésitent, puis recommencent leur merveilleux manège. Pierre a maintenant une telle habitude de mes lubies qu'il sait parfaitement à quel moment il doit arrêter la voiture, et sur son vieux visage buriné ne se lit qu'une grande bienveillance amusée. L'Homme de Colère déplore ces manifestations d'excentricité mais a bien été contraint de s'y résigner car j'ai acquis une dextérité extrême dans l'art de me faufiler hors de la maison. Tandis qu'il pérore, j'ai déjà filé à l'ombre des grands bois.

Le seul défaut que j'arrive à trouver à mon cher Pierre est qu'avec l'âge il a parfois du mal à retenir ses chevaux lorsque ceux-ci décident de n'en faire qu'à leur tête, et qu'il a tendance à s'assoupir sur son siège si nous partons trop vite après le déjeuner. Deux fois cette année cela m'a joué un mauvais tour – une fois en hiver, quand le traîneau a versé, et une fois en été quand les chevaux ont eu peur d'une bicyclette et ont fait un écart qui nous a entraînés dans le fossé qui borde la *chaussee* (ainsi désigne-t-on en allemand les routes les plus importantes). Le cycliste a pris peur lui aussi et a versé dans le fossé de l'autre côté de la route. La voiture a été abîmée, la bicyclette aussi, et nous étions tous très ennuyés sauf Pierre qui ne s'est jamais départi de son bon sourire. Il était si désarmant d'innocence que je n'ai pas eu le cœur de le réprimander.

« Pourtant il me semble qu'il aurait dû être sévérement réprimandé », a dit Minora à qui je racontais l'histoire tandis qu'on attelait les chevaux.

Elle a regardé de travers le pauvre Pierre dont on apercevait la bonne tête ronde à travers le feuillage.

« Serons-nous rentrés avant la nuit » ? a-t-elle demandé.

Le soleil avait maintenant complètement disparu. Seuls les nuages les plus hauts dans le ciel étaient encore roses ; sur la mer le brouillard s'épaississait et les voiles des barques de pêche se teintaient de marron ; un vol d'oies sauvages est bruyamment passé devant la lune.

« Avant la nuit ? Cela m'étonnerait, a dit Irais. Il fait déjà très sombre dans la forêt. Mais nous aurons un beau clair de lune.

— N'est-il pas dangereux d'être conduits par un cocher qui a tendance à s'assoupir ? a demandé Minora fort alarmée.

— Mais il est si gentil !

— Sans doute, mais la gentillesse n'empêche pas d'ouvrir l'œil. »

Irais est partie d'un bon rire.

« Vous devenez bien amusante, Miss Minora.

— Jamais il ne s'est encore assoupi en traîneau », ai-je dit pour apaiser tous les doutes.

Minora n'en a pas été rassurée pour autant et a grommelé quelque chose de peu compréhensible d'où il ressortait qu'elle désapprouvait hautement notre imprudence.

Et pourtant Pierre s'est parfaitement comporté sur le chemin du retour. Irais et moi étions au comble du bonheur. Les splendeurs du couchant s'offraient à nous tout le long du chemin que nous parcourions à vive allure, et plus tard des myriades d'étoiles se sont allumées contre la voûte céleste. Il faisait terriblement froid. Minora restait silencieuse et ne semblait plus avoir la moindre envie de rire.

« Vous êtes-vous bien amusée, Miss Minora ? » a demandé Irais lorsque nous sommes sorties de la forêt.

La *chaussee* s'ouvrait devant nous, et les lumières du village brillaient dans le lointain.

« À combien de degrés sommes-nous descendues ? a demandé Minora.

– Combien de degrés... de froid ? Vous avez donc froid ?!

– Eh bien... il ne fait pas vraiment chaud », a ronchonné Minora.

Irais m'a serré le bras d'un air entendu.

« Songez que vous auriez eu beaucoup plus froid si vous n'aviez pas mangé autant de fourrure !

– Quel beau chapitre vous allez écrire sur la Baltique ! Après tout je ne crois pas qu'aucun Anglais soit jamais allé jusqu'à ce bout du monde. »

Le *Schloss* de mon énergique voisine et amie brillait de tous ses feux lorsque nous sommes passés au pied de l'éminence qu'il domine. Elle a la faiblesse d'en être très fière. C'est la seule colline du pays.

« Allez-vous quelquefois au château ? a demandé Minora en indiquant les lumières.

– Cela m'arrive. C'est une femme pleine d'énergie, et j'ai toujours peur de déranger.

– Ce serait intéressant pour moi de voir un autre exemple d'intérieur d'Allemagne du Nord, a dit Minora. Ne pourriez-vous tenter de m'y conduire ?

— Vous n'y songez pas! Je ne peux pas lui imposer la présence d'une inconnue, ai-je protesté. Nous ne nous connaissons pas assez.

— Pourquoi donc voulez-vous voir un autre intérieur ? a demandé Irais. Je peux d'avance vous dire à quoi il ressemble. Et si d'aventure vous réussissiez à y pénétrer personne ne vous adresserait la parole. Je n'ose pas imaginer ce qui se passerait si vous commenciez à prendre des notes. Tout le monde n'a pas la patience d'Elizabeth...

— Je ferais bien des choses pour vous être agréable, Miss Minora, mais cela m'est impossible.

— Si nous y allions, a dit Irais, Elizabeth et moi serions installées en grande pompe au milieu d'un canapé, en face d'une immense table ovale où trônerait un napperon fait au crochet. N'est-ce pas, Elizabeth ? »

J'ai fait oui de la tête.

« On vous assiérait sur une de ces toutes petites chaises rouges de l'autre côté de la table. Elles sont rouges », n'est-ce pas ?

Une fois encore j'ai hoché la tête.

« Le plancher est tout jaune, et il n'y a pas de tapis, à l'exception de la carpette devant le canapé. Le papier sur les murs est chocolat, presque noir, ainsi qu'il convient à une pièce jamais repeinte. La crasse, voyez-vous, est comme la méchanceté. Il ne faut surout pas qu'elle se voie ! Le long des murs sont disposés des chaises, des commodes avec des lampes sur de petits napperons, et, dans un coin un immense poêle blanc. Éteint bien entendu. C'est bien cela ?

— Oui, tout blanc.

— Il y a de larges fenêtres qui seraient prêtes à laisser entrer le grand air et le soleil mais sont recouvertes d'épais rideaux de dentelle brune, comme si mille paires d'yeux inquisiteurs étaient braquées en permanence sur elles. Ni feu, ni lumière, ni livres, ni fleurs. Partout règne une odeur entêtante de chou rouge, qui se mêle à celle de l'eau savonneuse lorsque vient la saison des lessives.

— Vous paraissez fort bien la connaître. Quand y êtes-vous allée ?

— Il me semble ne l'avoir jamais quittée. »

Minora nous a regardé en roulant des yeux arrondis par l'incrédulité. Elle a de grands yeux, avec de longs cils noirs. Chacun d'entre eux est parfaitement beau. C'est leur combinaison qui est étrange.

« Vous y découvririez l'importance des coins de canapé dans l'étiquette allemande. Si nous étions reçues toutes les trois on me placerait au coin droit, la place d'honneur, puisque je suis une noble étrangère. Elizabeth, étant la seconde par ordre d'importance, serait installée au coin gauche. Notre hôtesse s'assiérait sur un fauteuil en face de nous. Quant à vous, vous devriez vous trouver un siège, à moins qu'on ne vous installe sur une chaise de l'autre côté de la table, pour que vous sentiez bien tout ce qui sépare les respectables femmes mariées des simples vierges. Ces coins de canapé permettent de marquer les distinctions de rang de la plus subtile façon. Le monde courrait à sa perte si d'aventure vous osiez occuper le coin droit ! Une chaise de l'autre côté de la table, c'est exactement le siège qui correspond à votre position sociale, ou plutôt à votre absence de position sociale. »

Irais a levé son petit bout de nez vers le ciel.

« Surtout prenez note de tout cela, et n'oubliez pas de le faire figurer en bonne place dans votre prochain chapitre

— De quoi donc voulez-vous que je prenne note ? a demandé Minora avec impatience.

— De la *Subtile Signification des sièges*, bien sûr. »

Minora n'a pas cru bon de relever cette suggestion, Dieu sait pourquoi.

« S'il vous arrivait de sonner sans avoir annoncé votre venue, la malchance qui s'acharne sur les innocents vous ferait probablement arriver un jour de grande lessive. La maîtresse de maison vous ferait attendre interminablement pendant qu'elle devrait se changer, et la froideur de son accueil vous ferait comprendre sa rage et sa rancœur.

— Pourquoi la maîtresse de maison devrait-elle s'occuper de la lessive ?

— Pourquoi ? Ô vertus de l'innocence ! Pareille ignorance des mœurs de la campagne a quelque chose d'émouvant chez quelqu'un qui leur consacre un livre entier.

— Je sais fort bien que je suis encore très ignorante, a dit Minora avec hauteur.

— Les périodes de grande lessive, a expliqué Irais, ont pour la *Hausfrau* quelque chose de sacré. Elles n'ont lieu que tous les deux ou trois mois, et tant que dure cette tâche purificatrice on ne peut rendre visite à la maîtresse de maison qu'à ses risques et périls.

— Voulez-vous dire que vous ne lavez vos vêtements que quatre fois l'an ?

— Effectivement.

— C'est répugnant ! »

Irais a froncé ses délicats sourcils et gravement déclaré :

« Si cela vous répugne tant, n'épousez pas d'Allemand.

— Mais à quoi cela sert-il ?

— À laver le linge. Quelle question !

— Bien sûr, mais pourquoi si rarement ?

— Parce que la quantité de linge en votre possession est un signe extérieur d'aisance. Si vous étiez obligé de nettoyer vos vêtements chaque semaine, comme en Angleterre, vous seriez l'objet du mépris général. Tout le monde penserait que vous n'avez de linge que pour une semaine.

— Mais au moins je serais propre et ma maison ne serait pas remplie de crasse. »

À cela, que voulez-vous répondre ?

« Heureux pays que votre Angleterre ! a soupiré Irais, rêvant d'une contrée pleine d'agiles lavandières et de beaux messieurs prompts à se précipiter sur les poignées de portes.

— C'est un pays très propre, en tout cas.

— Cela ne suffirait pas à me le faire aimer », n'ai-je pu m'empêcher de dire.

Nous arrivions à la maison, et en voyant sa chère façade ouest je repensais aux brouillards et aux parapluies d'Angleterre. C'est bien ici que je veux vivre et mourir. Jamais aucune femme n'a été plus heureuse qu'Elizabeth.

18 avril. — J'ai été si occupée, depuis le départ d'Irais et Minora, que je ne parviens pas à croire que le printemps est arrivé et que le jardin a déjà passé son jupon de fleurettes — son jupon seulement, car si les sous-bois sont un enchantement, les arbres qui les surmontent restent encore tout nus et dépouillés.

Février a passé avant que j'aie compris qu'il était là, tant j'ai dû consacrer de temps à mes nouvelles plates-bandes que j'ai semées de pétunias, de verveines et de nicotianas. En outre, j'ai décidé de réserver une trentaine de carrés aux légumes — ils doivent être aussi intéressants à voir pousser que les fleurs, et possèdent des vertus différentes —, et de m'occuper moi-même du verger et du potager. Mes soirées de février ont donc été passées à pâlir sur des livres de jardinage, et mes journées à tenter d'appliquer leurs recettes. Qui a prétendu que février était un mois morose ? Ici, il a été splendide, et durant ces beaux jours j'ai pu en toute tranquillité faire bêcher, fumer, et remplir ma chambre de perce-neiges. Plus j'avance en âge, plus je ressens de respect et même d'affection pour les engrais de toutes sortes. L'année est à peine commencée, et déjà la plus grande partie de mon argent de poche a été consacrée à l'achat d'engrais. L'Homme de Colère dit qu'il n'a jamais rencontré de jeune femme qui dépense son argent de cette manière ; j'ai fait remarquer qu'il devait être agréable d'avoir pour femme une originale ; à quoi il a rétorqué qu'il vaudrait mieux parler d'excentricité que d'originalité. Eh bien, va pour l'excentricité puisque c'est mon mari qui le dit. Mais si mon excentricité réussit à faire pousser les plus gros choux-fleurs et les plus tendres laitues de Prusse il sera bien obligé de bénir trois fois mon nom.

J'ai écrit en Angleterre pour me faire envoyer des graines de courge car on n'en trouve pas ici. Les gens s'efforcent de les remplacer par des concombres bouillis, mais c'est bien mauvais et je ne vois aucune raison pour que les courges ne poussent pas parfaitement bien ici. Courges et primevères devraient représenter la contribution anglaise à mon jardin. J'ai rapporté des racines de primevères dans une boîte en fer blanc la dernière fois que je suis allée en Angleterre, et me demande comment elles vont s'acclimater. En tout cas on n'en trouve pas dans le *Vaterland*, ce qui me fait craindre qu'elles soient incapables de résister aux rigueurs d'un hiver allemand – jamais on ne laisserait ces charmantes fleurs dépérir par manque de soin ! Irais se passionne pour cette expérience. Elle a lu tant de romans anglais, et tant entendu parler des primevères, qu'elle m'a fait promettre d'utiliser le télégraphe pour lui signaler leur apparition. Mais il ne se passera rien cette année, et je ne peux qu'espérer qu'elles ne se trouvent pas déjà au paradis des fleurs. Je crains que l'accueil de l'Allemagne ne leur ait paru un peu froid.

Irais écrit presque chaque semaine. Elle demande des nouvelles du jardin et des enfants, et annonce son retour dès que les parents qui se trouvent chez elle seront partis – « ce qui risque de ne pas se produire », a-t-elle écrit l'autre jour, « avant les premiers frimas. Alors ils disparaîtront comme des dahlias tardifs – dahlias doubles bien sûr, car les simples ont trop de charme pour qu'on les compare à sa famille. Il y a ici toutes sortes de cousins, d'oncles et de tantes, qui ne nous ont plus quittés depuis l'anniversaire de mon mari – en fait ce ne sont pas toujours les mêmes mais je les confonds si facilement que je ne sais jamais qui est qui. Mon mari sort après le petit déjeuner pour surveiller ses récoltes, prétend-il, et je suis entièrement à leur merci. Comme j'aimerais avoir moi aussi des récoltes à surveiller, même minuscules ! Je les contemplerais du matin au soir si cela pouvait me faire échapper aux obscures vérités révélées par mes tantes. Connaissez-vous ma tante Bertha ? Elle passe son temps à me poser des questions alambiquées auxquelles je ne sais que répondre. Elle le fait donc pour moi, ce qui lui permet de me révéler chaque fois quelque vérité essentielle à entendre. « Pourquoi te coiffes-tu toujours de façon à cacher ton front ? » me demande-t-elle par exemple — et je me creuse la tête à la recherche des raisons profondes de ma façon de me coiffer, puis des raisons qui lui font poser une pareille question. « Je vous assure que je l'ignore, ma tante, finis-je par répondre humblement, peut-être ma femme de chambre le sait-elle. Voulez-vous que je la sonne ? » Elle m'informe alors que je me coiffe de cette manière pour dissimuler la mauvaise ride qui me barre le front et trahit une nature aussi apathique que morose. Puisqu'elle est si au courant, à quoi lui sert de me questionner ? Chaque fois que je me trouve avec eux, ils m'assaillent avec ces petites devinettes et me font mener une vie de chien. Ah, ma chère, les familles sont comme les drogues — fort agréables quand on les absorbe en petites quantités, mais redoutables à long terme. La sagesse conseille de les éviter autant que faire se peut. »

Depuis que Minora est partie, je n'ai reçu d'elle qu'une seule lettre où elle me remerciait pour un agréable séjour et m'annonçait l'envoi d'un flacon d'embrocation anglaise à étendre sur « les blessures » que je me serais faites en patinant. Elle était sûre que j'en serais enchantée, d'autant plus qu'il ne coûtait que deux marks et que je pouvais payer en timbres. J'ai longuement réfléchi à cette petite phrase. Était-ce une forme de revanche après nos moqueries ? Touchait-elle un pourcentage sur les ventes ? Croyait-elle vraiment me faire un gentil cadeau ? Quant aux « blessures »... qui donc pourrait se blesser en patinant ? Il est vrai qu'il lui est arrivé de venir à mon secours avec une satisfaction non dissimulée la première et la seule fois où je sois tombée. Je lui ai envoyé les timbres demandés, ai bien reçu le flacon, et décidé de ne plus la revoir jamais. J'avais joué les bons Samaritains avec elle à la demande de mon ami, mais le meilleur des Samaritains s'offusquerait de se voir offrir pareil onguent.

Mais à quoi bon perdre son temps avec Minora. Nous sommes à Pâques, et c'est maintenant que l'année commence en dépit de tous les calendriers. Minora appartient à l'hiver, au passé, et ne compte pour rien dans la vie que vais mener au cours des prochains mois. Oh, je pourrais danser de joie à l'idée que le printemps est là ! La beauté se répand par tout le jardin, et l'espoir renaît en mon cœur ! Toute cette radieuse journée de Pâques, je l'ai passée dehors, parmi les anémones et les chélidoines. Nous sommes allées jusqu'au *Hirschwald*, les enfants et moi, et l'après-midi était si chaude que nous sommes restées un long moment allongées dans l'herbe, à contempler à travers les branches nues des bouleaux argentés de petits nuages potelés qui flottaient doucement dans le ciel bleu. Nous avons pris le thé sur l'herbe, au soleil, et plus tard, longtemps après que les bébés aient été couchés et que les anémones se soient refermées, j'ai erré à travers les vertes allées, le cœur plein de gratitude. Comme on se sent humble, à se voir entouré de tant de beauté genéreusement et anonymement offerte, surtout si nous songeons à la mesquinerie de nos charités, et à notre colère lorsque ceux qui les reçoivent ne manifestent pas promptement, et bruyamment, leur reconnaissance. De tout mon cœur j'espère mériter chaque jour davantage les grâces que sait me réserver mon jardin. Puissé-je croître en patience et en gaieté, à l'imitation de ces fleurs heureuses pour lesquelles j'ai tant d'amour.

IMPRIMÉ EN FRANCE PAR BRODARD ET TAUPIN
2777 - La Flèche (Sarthe)
N° d'édition : 2654
Dépôt légal : mai 1996
Nouveau tirage : juin 2000